"十二五"国家重点图书出版规划项目

文史
中国

社会系列

孟河医文话

A Brief History of Menghe

郑蔚贞　著

社会科学文献出版社
SOCIAL SCIENCES ACADEMIC PRESS (CHINA)

《孟河镇史话》编辑委员会

总 序

　　中国是一个有着悠久文化历史的古老国度，从传说中的三皇五帝到中华人民共和国的建立，生活在这片土地上的人们从来都没有停止过探寻、创造的脚步。长沙马王堆出土的轻若烟雾、薄如蝉翼的素纱衣向世人昭示着古人在丝绸纺织、制作方面所达到的高度；敦煌莫高窟近五百个洞窟中的两千多尊彩塑雕像和大量的彩绘壁画又向世人显示了古人在雕塑和绘画方面所取得的成绩；还有青铜器、唐三彩、园林建筑、宫殿建筑，以及书法、诗歌、茶道、中医等物质与非物质文化遗产，它们无不向世人展示了中华五千年文化的灿烂与辉煌，展示了中国这一古老国度的魅力与绚烂。这是一份宝贵的遗产，值得我们每一位炎黄子孙珍视。

　　历史不会永远眷顾任何一个民族或一个国家，当世界进入近代之时，曾经一千多年雄踞世界发展高峰的古老中国，从巅峰跌落。1840 年鸦片战争的炮声打破了清帝国"天朝上国"的迷梦,从此中国沦为被列强宰割的羔羊。一个个不平等条约的签订,不仅使中国大量的白银外流,更使中国的领土一步步被列强侵占,国库亏空,民不聊生。东方古国曾经拥有的辉煌,也随着西方列强坚船利炮的轰击而烟消云散,中国一步步堕入了半殖民地的深渊。不甘屈服的中国人民也由此开始了救国救民、富国图强的抗争之路。从洋务运动到维新变法,从太平天国到辛亥革命,从五四运动到中国共产党领导的新民主主义革命,中国人民屡败屡战,终于认识到了"只有社会主义才能救中国,只有社会主义才能发展中国"这一道理。中国共产党领导中国人民推倒三座大山,建立了新中国,从此饱受屈辱与践踏的中国人民站起来了。古老的中国焕发出新的生机与活力,摆脱了任人宰割与欺侮的历史,屹立于世界民族之林。每一位中华儿女应当了解中华民族数千年的文明史,也应当牢记鸦片战争以来一百多年民族屈辱的历史。

当我们步入全球化大潮的21世纪,信息技术革命迅猛发展,地区之间的交流壁垒被互联网之类的新兴交流工具所打破,世界的多元性展示在世人面前。世界上任何一个区域都不可避免地存在着两种以上文化的交汇与碰撞,但不可否认的是,近些年来,随着市场经济的大潮,西方文化扑面而来,有些人唯西方为时尚,把民族的传统丢在一边。大批年轻人甚至比西方人还热衷于圣诞节、情人节与洋快餐，对我国各民族的重大节日以及中国历史的基本知识却茫然无知，这是中华民族实现复兴大业中的重大忧患。

中国之所以为中国，中华民族之所以历数千年而不分离，根基就在于五千年来一脉相传的中华文明。如果丢弃了千百年来一脉相承的文化，任凭外来文化随意浸染，很难设想13亿中国人到哪里去寻找民族向心力和凝聚力。在推进社会主义现代化、实现民族复兴的伟大事业中，大力弘扬优秀的中华民族文化和民族精神，弘扬中华文化的爱国主义传统和民族自尊意识，在建设中国特色社会主义的进程中，构建具有中国特色的文化价值体系，光大中华民族的优秀传统文化是一件任重而道远的事业。

当前，我国进入了经济体制深刻变革、社会结构深刻变动、利益格局深刻调整、思想观念深刻变化的新的历史时期。面对新的历史任务和来自各方的新挑战，全党和全国人民都需要学习和把握社会主义核心价值体系，进一步形成全社会共同的理想信念和道德规范，打牢全党全国各族人民团结奋斗的思想道德基础，形成全民族奋发向上的精神力量，这是我们建设社会主义和谐社会的思想保证。中国社会科学院作为国家社会科学研究的机构，有责任为此作出贡献。我们在编写出版《中华文明史话》与《百年中国史话》的基础上，组织院内外各研究领域的专家，融合近年来的最新研究，编辑出版大型历史知识系列丛书——《中国史话》，其目的就在于为广大人民群众尤其是青少年提供一套较为完整、准确地介绍中国历史和传统文化的普及类系列丛书，从而使生活在信息时代的人们尤其是青少年能够了解自己祖先的历史，在东西南北文化的交流中由知己到知彼，善于取人之长补己之短，在中国与世界各国愈来愈深的文化交融中，保持自己的本色与特色，将中华民族自强不息、厚德载物的精神永远发扬下去。

《中国史话》系列丛书首批计 200 种，每种 10 万字左右，主要从政治、经济、文化、军事、哲学、艺术、科技、饮食、服饰、交通、建筑等各个方面介绍了从古至今数千年来中华文明发展和变迁的历史。这些历史不仅展现了中华五千年文化的辉煌，展现了先民的智慧与创造精神，而且展现了中国人民的不屈与抗争精神。我们衷心地希望这套普及历史知识的丛书对广大人民群众进一步了解中华民族的优秀文化传统，增强民族自尊心和自豪感发挥应有的作用，鼓舞广大人民群众特别是新一代的劳动者和建设者在建设中国特色社会主义的道路上不断阔步前进，为我们祖国美好的未来贡献更大的力量。

陈奎元

2011 年 4 月

出版说明

　　自古至今，始终坚持不懈地从漫长的文明进程中不断总结历史经验教训，从中汲取有益营养，从而培植广阔的历史视野，并具有浓厚的历史意识，这是我们中国文化独有的鲜明特征，中华民族亦因此而以悠久的"重史"传统著称于世。在整个人类文明史上独一无二、系统完备的"二十四史"即证明了这一点。

　　中华人民共和国成立后，历史知识普及工作被放到十分重要的位置。20世纪五六十年代，著名历史学家吴晗主持编写的《中国历史小丛书》，90年代中国社会科学院院长胡绳组织编写的《中华文明史话》和《百年中国史话》，成为"大家小书"的典范，而后两套历史知识普及丛书正是《中国史话》之缘起。

　　2010年年初，为切实贯彻中央关于"做好历史知识普及工作"的指示精神，同时也为了更好地弘扬中国传统文化，我们对《中华文明史话》和《百年中国史话》

两套丛书的内容进行了修订和增补，重新设计框架，以"中国史话"为丛书名出版。第十一届全国政协副主席、时任中国社会科学院院长陈奎元亲任《中国史话》一期编委会主任，时任中国社会科学院副院长武寅任编委会副主任。正是有了各级领导的关心支持和诸多学术名家的积极参与，《中国史话》一期200种图书得以顺利出版，并广受好评。

《中国史话》丛书的诞生，为历史知识普及传播途径的发展成熟，提供了一种卓具新意的形式。这种形式具有以通俗表述、适中篇幅和专题形式展现可靠历史知识的特征。通俗、可靠、适中、专题，是史话作品缺一不可的要素，也是区别于其他所有研究专著、稗官野史、小说演义类历史读物的独有特征。

囿于当时条件，《中国史话》一期的出版形式不尽如人意，其内容更有可以拓展的广阔空间，为此2013年4月我们启动了《中国史话》二期出版工作。《中国史话》二期分为经济、政治、文化、社会和生态五大系列，拟对中国各区域、各行业、各民族等的发展历史予以全方位介绍。我们并将在适当时机，启动《世界史话》的出版工作。史话总规模将达数千种。

我们愿携手海内外专家学者，将《中国史话》《世界史话》打造成以现代意识展现全部人类历史和人类文明，集学术性、知识性、趣味性于一体的"万有文库"；并将承载如此丰厚内容的史话体写作与出版努力锻造成新时期独具特色的出版形态。

希望史话丛书能在形塑民族历史记忆、汲取人类文明精华、培育现代国民方面有所贡献，并为广大读者所喜爱。

史话编辑部

2014 年 6 月

目 录
Contents

序 ·· 1

一 古镇概况 ······································· 1

　1. 自然环境 ····································· 1

　2. 建置沿革 ····································· 3

　3. 行政区划及人口、经济 ················· 7

二 地貌景观 ······································· 10

　1. "二龙戏珠"的特异地形 ··············· 10

　2. 自流灌溉的圩田村落 ···················· 11

　3. 丘陵地区的山寨村庄 ···················· 14

　4. 一望无垠的南部平原 ···················· 17

　5. 藏龙卧虎的东山、西山 ················· 18

三　史海回眸 …………………………………………… 24

1. 远古足迹 ……………………………………………… 24

2. 夫差开河 ……………………………………………… 26

3. 黄歇围田 ……………………………………………… 28

4. 恽姓诞生 ……………………………………………… 30

5. 刘秀开渎 ……………………………………………… 33

6. 孟嘉落帽 ……………………………………………… 37

7. 萧氏南迁 ……………………………………………… 39

8. 兰陵郡县 ……………………………………………… 40

9. 万岁冠名 ……………………………………………… 43

10. 孟简开渎 …………………………………………… 44

11. 刘六造船 …………………………………………… 46

12. 嘉靖年间建城 ……………………………………… 48

13. 都图议政 …………………………………………… 49

14. 经济转型 …………………………………………… 53

15. 万绥镇农民暴动 …………………………………… 59

16. 抗日民团 …………………………………………… 62

17. 陈毅运筹 …………………………………………… 65

18. 天花庄突围战 ……………………………………… 66

四　历史名人 …………………………………………… 72

1. 帝王将相 …………………………………………… 72

2. 文人逸士 …………………………………………… 79

3. 医圣僧道 …………………………………………… 88

4. 革命先烈 …………………………………………… 96

五 璀璨文化 ……………………………………… 98

  1. 宗教文化 ……………………………………… 98

  2. 齐梁文化 ……………………………………… 106

  3. 医派文化 ……………………………………… 113

  4. 商埠文化 ……………………………………… 122

  5. 军事文化 ……………………………………… 128

六 丰富遗存 ……………………………………… 131

  1. 官府衙门 ……………………………………… 131

  2. 皇家遗存 ……………………………………… 133

  3. 寺庙楼阁 ……………………………………… 135

  4. 古街古巷 ……………………………………… 142

  5. 民宅故居 ……………………………………… 144

  6. 军事遗址——孟河城 …………………………… 149

  7. 手工作坊 ……………………………………… 150

  8. 古碑陵墓 ……………………………………… 152

  9. 非物质文化遗产 ……………………………… 155

七 今日风采 ……………………………………… 161

  1. 经济蓬勃发展 ………………………………… 161

  2. 旅游业兴旺 …………………………………… 166

  3. 文化繁荣 ……………………………………… 169

主要参考文献 …………………………………… 172

后 记 …………………………………………… 174

序

孟河镇位于江苏省常州市，是一个有两千五百年历史的古镇，这个古镇不仅历史悠久，且文化底蕴深厚，精英辈出。在这百业兴旺、政通人和、繁荣昌盛的今天，为孟河镇写史编志是非常必要的，正在我们策划这一项目时，中国社会科学院有关部门邀请我们写一部《孟河镇史话》，并把它纳入"十二五"国家重点图书出版规划项目，这既是决策者的睿智，也是一种巧合。我们孟河人除了表示感谢以外，还应尽全身心之力投入，把这件事做好，使这本书既能真实反映孟河的历史文化，又能传承历史文化，启迪当代人心智，给予当代人勇气和力量。

任务明确后，我们很快就成立了《孟河镇史话》编委会，确定由一位生于孟河、长于孟河、热爱孟河、研究孟河历史文化十余年、有创作经验的作家进行写作。我们认真地把孟河的历史文化做了一次梳理，确定了写作提纲，再召开研讨会，议定了书稿的框架布局，报《中国史话》编委批准后，多次召开座谈会，为作者提供资料、梳理线索，还为作者提供采访和查阅资料的便利，使作者通过各种途径收集到了百余万字的资料。在此基础上，作者投入了创作，经过两个月的奋战，拿出了初稿，又召开了两次研讨会进行讨论，针对大家提出的各种意见，九易其稿，报《中国史话》编委初审，最后经本书编委会审阅、定稿，在规定的时间内完成了这项任务。

本书共 7 章 47 节，计 10 万余字、30 余幅插图。本书系统地介绍了孟河镇的概况、历史、文化、名人、遗存和自然风光，还专设一章介绍了孟河的今天和明天。读完这本书后，读者不仅知道了孟河的昨天、今天和明天，还能从孟河悠久的历史文化中了解到先辈的奋斗精神，吸收到前人的智慧，看到明天的美景，从而能有信心、有勇气去创造更加美好的未来。

我们对孟河地区的历史文化进行研究已有十余年了，首先是成立了"孟河历史文化研究会"，研究孟河的历史和文化，重点研究齐梁文化和医派文化，经几年努力，已取得了可喜的进展：出版了一套三本的《齐梁文丛》，编印了《齐梁文化》报（38 期），创作了《梁武帝萧衍》《孟河医派文化》两本专著，在各地报纸杂志上发表了《齐梁文化、齐梁故里乡土调查报告》《齐梁文化的特异性与传承价值》《孟河医派与孟河医派文化》《帝王家庙九龙寺》等社会科学类文章 20 余篇。

在进行文化研究的同时，我们还在常州市文化局、文保办的领导下，进行了物质遗产与非物质遗产的普查，已普查出物质文化遗产 119 项、非物质文化遗产 92 项，经申报，孟河现已有省、市级文物保护单位 16 个，有历史建筑 36 处，被列入国家级、省级、市级、区级非遗项目的有 11 个。我们还注意对文物进行保护和适度的修复，对非物质文化遗产进行文字记录和摄制音像，以力求使这些重要的物质遗产、非物质遗产能在我们这一代人手中得到妥善的保护。

经过几年的努力，孟河现已成为中国历史文化名镇、全国重点镇、国家级生态镇、中国民间文化艺术之乡、中国汽摩配名镇。这些荣誉称号不仅是对我们过去工作的肯定，也是对我们今后工作的促进和鞭策。为了更好地完成以上这些项目的各项工作，我们请规划、设计部门编制了各种不同的规划，明确了今后的工作目标，提出了具体的要求，还结合孟河镇的自然条件和文化资源编制了建设孟河镇小黄山休闲旅游区的开发计划。我们相信，当这许多规划和计划一一实现后，孟河镇将会成为一个既具有深厚的历史文化底蕴又具有现代化气息的新型小城镇。

孟河镇的明天一定会更灿烂。

高　炎

一　古镇概况

1　自然环境

　　孟河镇位于江苏省常州市西北一隅，东部濒临长江，隔江和扬中、泰兴相望，西部和西北部与丹阳接壤，宁镇山脉的余脉穿过该镇北部，并终止在镇东北一角。

　　这里是长江三角平原的腹地，地势平坦，略呈西南高东北低之势，以宁镇山脉余脉为界，余脉南部的陆地形成较早，是一望无际的平原，称上滩。北部陆地形成较晚，是标准的冲积平原，地势较低，是圩田地区，为自流灌溉，称下滩。在宁镇余脉北麓的山脚下有江水冲击所留下的"浪迹"，还随处可看到沙砾，拾到贝壳，这意味着这里曾是江海之边。

　　境内主要有三条河流通过：第一条现称老孟河，它的前身是春秋时开凿的大运河；第二条现名叫新孟河，是在原老孟河的基础上拓宽、截弯取直、重新选择入江口的一条河；第三条叫浦河，是在老孟河和老浦河的基础上改道而开凿的。

境内除这三条通江达海的运河外，还有许多相互沟通的河流和池塘。河流有 10 余条，大大小小的沟塘有 300 余个，大小渠道有 200 余条，在全境形成了江、河、塘、渠互相连通的水网格局。

境内有常泰高速、338 省道、238 省道、239 省道及县、乡级公路孟新路、孟西路等通过。孟河镇距沪宁高铁 6 公里，距沪宁高速 7 公里，距常州机场 7 公里，距京杭大运河 10 公里，交通相当方便。

孟河镇地图

孟河由于成陆的时间有早有晚，因而境内的土壤结构比较复杂，但成土母质均是近代长江冲积物。从东部圩田地区到宁镇余脉的丘陵及平原地区，自北向南、自东向西有序地分布着各种土壤，全镇有沙土、小粉沙土、黄沙土、黄泥土四个土属，有老黄泥土、黄沙土、小粉土、黏心小粉土、狗头沙土五个土种。

孟河镇属于副热带海洋性气候，夏季多东南风，空气湿润，炎热多雨，冬季多西北风，寒冷干燥。年平均气温在15℃左右，最热的 7 月份，月平均气温为 28℃，最高气温达39.4℃。

孟河镇的年降水量平均为 1000～1100 毫米，最多时年降水量达 1444.5 毫米，最少时仅 571.3 毫米。7～10 月份，经常有台风过境，但很少有达到七级的台风。初霜见于 11 月上、中旬，终霜在 3 月底左右，冬季降雪不多，平均每年 2～3 次，雪量一般不大，积雪时间较短。

孟河镇的自然灾害很少，下滩在历史上虽曾有多次决堤，造成小灾，但影响均不大。

从总体上来说，孟河镇是一块适合人类居住与生活的理想区域。

2 建置沿革

孟河镇是由原孟河镇、小河镇、万绥乡三个乡镇合并而成的。这三个乡镇在民国前是一个乡的三个部分，这个乡在明朝前叫千秋乡，明清时叫通江乡。民国时这三个镇分治，后又合并。

孟河的名称是由《晋书》中所记录的"孟嘉落帽"而得，它一直是千秋乡（通江乡）下辖的一个区域的名称，直到

1927 年才成为乡的名称。

孟河地区历朝历代的建置沿革很复杂，现将重要的变化依时序归纳如下，一些短暂的建置变化暂不记入。

公元前 12 世纪，商后期，太伯、仲雍渡江后建了句吴国，孟河地区（下略）属句吴国。

公元前 11 世纪，西周时期，仲雍之后，周章建吴国，属吴国。

公元前 547 年，东周时，属吴国延陵邑。

公元前 473 年，东周时，属楚国延陵邑。

公元前 221 年，秦国时，推行郡县制，属会稽郡延陵县。

公元前 201 年，即西汉高祖六年，属荆国会稽郡毗陵县；高祖十二年（前 195）属吴国，会稽郡毗陵县。新莽时期，属扬州会稽郡毗陵县。

129 年，东汉时，属扬州吴郡毗陵县。

234 年，三国时期吴嘉禾三年，孙权为了推行农垦设"典农尉"，分设"都"与"校"两个级别，孟河地区属毗陵典农校尉武进县（县治在曲阿）。

281 年，即西康太康二年，属扬州毗陵郡武进县。同年，撤毗陵典农校尉，置毗陵郡，武进县复名曲阿（丹徒），并分毗陵、曲阿、云阳东部地区新置武进县，县治在东城里（今孟河镇万绥村）。

311 年，即西晋永嘉五年，属扬州晋陵郡武进县。

420 年，南朝宋时，属南徐州晋陵（东海）郡武进县。

502 年，即南朝梁天监元年，属南徐州兰陵郡南兰陵县。

558年，即南朝陈永定二年，属南徐州晋陵（东海）郡兰陵县。

589年，即隋开皇九年，属常州曲阿县（这时武进县撤销，并入曲阿）。

619年，即唐武德二年，属常州武进县（在故兰陵地复置武进县）。

627年，即唐贞观元年，属江南道常州武进县。

757年，即唐至德二年，属江南东道常州武进县。

758年，即唐乾元元年，属浙江西道常州武进县。

902年，即唐天复二年，属镇海节度使常州武进县。

960年，即北宋建隆元年，属镇海节度使常州武进县，为千秋乡，乡内的万绥另设万岁镇。

987年，即北宋雍熙四年，属江南道常州武进县（千秋乡内另设万岁镇）。

1142年，即南宋绍兴十二年，属两浙西路常州武进县（千秋乡内另设万岁镇）。

1277年，即元至元十四年，常州升为"路"，孟河地区属浙江行省常州路武进县（千秋乡内另设万岁镇）。

1369年，即明洪武二年，属南京（南直隶）常春永定县，名通江乡（乡内另设阜通镇）。

1378年，即明洪武十一年，属直隶京师常州武进县，名通江乡（乡内另设阜通镇）。

1620年，即明万历四十八年，属南京（南直隶）尝州武进县，名通江乡（乡内另设阜通镇）。

1645 年，即清顺治二年，属江南布政司常州武进县，名通江乡（乡内另设阜通镇）。

1860 年，即清咸丰十年，太平军攻克常州。同年，改常州府为常州郡，孟河地区属苏福省常州郡武进县，名通江乡。

1912 年，属江苏省苏常道武进县，名通江市。

1927 年，苏常道废，孟河属江苏省武进县，名通江市。

1929 年，废都图制，设街、村、间、邻。武进县被划为 10 个区，通江市下辖小河、万绥、孟河、石桥 4 街 101 个村，孟河属江苏省常州市通江市和孝东乡（分别为 19 区、3 区）。

1934 年，乡镇以下废除间、邻，设保甲，通江市被拆分为孟城镇、小河镇、石桥镇、万绥镇、山北乡、龙亭乡、仁里乡、郑里乡 4 镇 4 乡。孟河属江苏省武进县西夏墅区，分设孟城、小河、万绥、石桥 4 个镇和山北、龙亭、仁里、郑里 4 个乡，下设保甲。

1938 年，恢复 1929 年前的都图制，孟河属江苏省武进县，名通江市。

1940 年，汪伪政府成立，恢复 1934 年的建制。孟河属江苏省武进县，分设 4 镇 4 乡（同 1934 年）。

20 世纪 40 年代后，孟河镇范围内的孟河、小河、万绥三乡镇又经过几次拆分、合并，直至 1956 年基本定型为孟河、小河、万绥三个乡镇，后万绥又和孟河再经合、分，这期间这些乡镇都属武进县。

2002 年 4 月，常州市进行行政区域调整，现孟河镇范围内的孟河镇和小河镇从常州市的武进区划入新北区。

2003 年 11 月，常州市又一次乡镇合并，孟河镇与小河镇合并，形成现在的孟河镇。

3　行政区划及人口、经济

行政区划

现在的孟河镇属于江苏省常州市新北区。镇内下属的行政村经多次合并和调整，至 2013 年 5 月定型为 4 个社区 13 个行政村，共辖 4 个街区和 321 个自然村。

孟河镇行政区划图

4 个社区为小河社区、齐梁社区、孟城社区、万绥社区，下辖 4 个街区和 74 个自然村；13 个行政村为南兰陵村、荫沙村、通江村、小黄山村、滕村村、石桥村、九龙村、东陆村、润江村、银河村、固村巷村、树新村、双亭村，下辖 247 个自然村。

人口

孟河镇土地面积为 132372.9 亩，耕地面积为 57200 亩，其中，水田面积为 48245 亩，旱田面积为 8954 亩，丘陵山地面积为 3285 亩，粮食种植面积为 96070 亩，蔬菜种植面积为 17095 亩。

截至 2013 年底，全镇总户数为 25138 户，农业人口为 68421 人，常住人口为 93651 人。当年出生人口为 549 人，死亡人口为 671 人，人口出生率为 6.14‰。

经济

孟河镇 2013 年的地区生产总值为 61.8 亿元人民币，公共财政预算收入为 1.89 亿元人民币，工业总产值为 172.15 亿元人民币，工业销售收入为 162.39 亿元人民币，固定资产投资额为 40.05 亿元人民币，自营出口总额为 8005 万美元，实际利用外资 552 万美元，服务业增加值为 18.08 亿元人民币，农民人均纯收入为 17488 元人民币。

孟河原是一个以农耕为主的地区，自疏浚了运河、建立了城堡后，孟河经济发生了一次转型，虽在镇区外仍是以农业为主，但在城镇区域内以商业和各项服务业为主，使孟河形成了农业、副业、商业相辅相成的经济模式，并逐步向小城镇化发展。清末及民国初年，手工作坊兴起，并很快发展到一定的规模，孟河的丝绸业、酿酒业曾一度在常州地区领先。民国初年，孟河开始引进机械设备组织生产，榨油等粮油加工业得到了长足的发展，呈现出了较高的市场化水平，孟河初步显现出小城镇化的雏形，孟河镇在周边四五十里的范围内成为一个初级城镇化的样板。

经济的发展推动了社会向前发展。民国初年，孟河有了轮船，有了汽车站，有了公共汽车，有了邮电支局，办了"国立通江乡小学堂""私立继中中学"，呈现出了一片繁荣的景象。

20世纪50年代，孟河是兴办乡村（社队）工业较早的镇，起初以生产丝绸、制冷设备、电子设备、收录机、分线盒为主，产品畅销全国各地，后汽摩配产业兴起，并很快成了孟河的龙头产业。在兴办民营企业的浪潮中，孟河又勇于向前，成为武进县的领头羊，现在孟河地区汽摩配产业中的龙头企业就是在那时形成的。

近年来，孟河开始走综合发展的道路，在加强第一产业与第二产业、发展生态农业、强化汽摩配产业优势、创建国家级汽摩配生产基地的同时，扩展了第三产业的规模，又特别强化了对文化产业的开拓。依托孟河是中国历史文化名镇的优势和得天独厚的有山有水的自然景观，创建孟河文化休闲旅游基地，力求走出一条能持续发展的、以第三产业为先导的、有自己特色的产业发展道路。孟河明天的经济一定更繁荣。

二 地貌景观

1 "二龙戏珠"的特异地形

宁镇山脉余脉穿越孟河地区北部全境后，在孟河区域的边界终止，但山脉进入孟河地区约1公里后忽然隐入地下，在地下穿行2公里后又"突"地冒了出来，再以雄浑之势一路向东北延伸，其间留下了一片平地。就在这平地上，先有吴王夫差开凿了大运河，后有刘秀连通了境内的所有河道，重新开凿了出江通道，建了"河庄口"，形成了街市，再后是嘉靖皇帝又在这里建了城，这山、这河、这街、这城，使孟河地区具有了"二龙戏珠"之势，孟河又被俗称为"珠城"。

这是一种特异的地形，特异在孟河两山之间的这片平地不是在并列的两支山脉之间，而是一列山脉"自隐"，地理学家说其"特异"，风水学家说其"神奇"，帝王看到的是"皇运"，军事家看到的是"险要"。于是，1800年前的张天师拍案惊叹"山断龙卧，这里要出皇帝"，300 年后出了齐、梁两朝的皇帝；于是，1500 年前开创风水学说的方士郭璞，以这里的自然地形、地脉为参照物，奠定了"地理五诀"这一中国风水理论核心；于是，1400 年前又引来了道教大师葛洪、陶弘景，佛教大师达摩，还有崇佛的帝王萧衍并最终形成了三教的圆融；于是，各朝各代的帝王为避真命天子的再次出现，在此造庙镇压、挖沟阻拦；于是，每个朝代的大将、武师都要在这里布阵设防，在这里打了一场又一场血腥的战争……当这一切都随着时间老人的脚步隐入历史后，这里留给人们的仍然是一片特异的自然美景。站在东山主峰纵观全境，山峦起伏，树木成荫；远眺北方，长江如带，白帆点点；俯视山下，圩埂整齐，圩田方圆，村落清丽，若是春日，更有满目的桃红柳绿，满山的竹叶飘香；转身南眺，可见一望无垠的平原与点点泛绿的村落；游览山林，奇峰石怪，洞穴流溪，塘潭映水，峡谷道险，更使你流连忘返……这就是孟河，这就是孟河特异的自然景观。

2　自流灌溉的圩田村落

2200 年前黄歇在孟河北部"围滩造田"，不仅造就了孟河北部的一大片圩田，还形成了一个个有特殊生态结构的圩田村落，使圩田文化成了孟河地区又一个特异景观。

村落的建构取决于村落所在地区的生态环境，特别是对居民生活、生产有直接影响的生态环境。对于圩田地区来说，应考虑的就是农田的排灌、居民的出行和耕作，在圩田区域这三项存在诸多制约因素，为了适应环境、满足居民的生产与生活需求，就有了圩田村落文化。

每个圩的基本结构是：从春秋大运河（后来的孟河）河岸开始，垂直于河道和圩堤，开一条水沟，这条水沟用于排灌，也供居民用水，在沟的一侧，有序地排列着四五十户人家，从而形成了一个整齐的居住区。这居住区的横向距离约20～30丈，村落的走向一般是东西向，村内从南向北排列着农田、房屋等，最南是整齐的稻、麦两茬的农田，农田北是一条沟，沟北是菜田或果树，然后就是房屋，再向北一般是竹园、果园或菜田，再向北是村内的一条大路，再北又是一条沟，沟北又是整齐的农田。每户人家门前都有一个社场，用于收获时进行脱谷等作业，屋后有丈余的距离，一般是植树、种竹。

村两边的沟都通过"水洞"和圩堤外的河道相通，以引水灌溉或雨后排水。所谓"水洞"，就是现在的涵洞，涵洞的进口处、出口处都有闸门或洞盖，这样就形成了"自来灌溉"。因为这里的长江和运河都是有潮汐的，人们就在涨潮时引水灌溉，退潮时排水。

设计者又考虑到，遇到长期阴雨或特大暴雨，却又逢汛期，不能排水，于是设计了人工排水沟，即在两个圩的中间也开了一条沟。这个沟的近河端造了一个高位蓄水池，蓄水池中有一个"水洞"通河道，在河道水高、圩内水淹没庄稼时，就用几部水车日夜不停地轮班车水，把水车入蓄水池内，再通过高位涵洞把水排进河道，从而减少了洪涝灾害。由此可见，黄歇的设计是非常科学、合理的。

这种"自来灌溉"的圩田式村落，不仅布局合理，排灌便利，在生态美学上也是卓有价值的。

圩田区域的村舍是非常美丽的。春日里若站在小黄山（历史上称为黄山）的顶峰向东北方眺望，远看长江白帆点点，江水似一条巨龙向远方流去，近看脚下，两条绿色的蛟龙从江畔向内地游去，那是孟河两岸的河堤。河堤两边整齐地排列着村落分隔出来的一方又一方整齐的农田：那一片葱绿的是小麦田，那一片黄波荡漾的是油菜花田，那一片略带黄色的是已趋成熟的大麦田，还有那彩色的蚕豆田和红、绿、黄相间的紫云英田。在这整齐的、色彩各异的农田中，排列着一长条又一长条的村落。村前村后，河旁舍前，粉红的桃花、洁白的梨

圩田村落

花映衬着翠竹园，偶尔的几声犬吠、几声鸡鸣，再加上不时传来的儿歌，真是恍若太极仙境。

这是孟河圩田式村落里的春日丽景，是永远刻在人们脑海中、永不消失的另一番江南春景。

3 丘陵地区的山寨村庄

孟河是个有山有水的地方，东北部江河边的圩田区叫"下滩"，山的西南部称"上滩"，山脚下出现了山寨村落。

孟河最典型的山寨小村叫"柴洼小村"。这个小村在什么时候建造的，已无历史记录，消失的日子是几代人口耳相传的，那是在太平军 1860 年攻打孟河的时候。

这个小村建在沟通孟河下滩与上滩的一个小山坳中，因这个山坳通道是专门供打柴的人穿山而过的一条小道，因而这个山洼叫"柴洼缺"。就在这柴洼缺中，有一片三五亩的平坦之地。人们就依山势建了十几间小房，住了五六户人家，形成了一个小村。

居住在这山中的五六户人家，凭着他们的双手，用他们的辛勤劳动，把这个小山寨打扮成一个别有风情的山中圣地。他们在池塘旁种上了柳树，从山上找到了一个泉眼，用山上的竹子连成管道，把水引到池塘中，使那个池塘中总是流水汩汩。后来，这里住进了一个有文化的"逃犯"，这个"逃犯"很快地成了他们的首领。在这个首领的"统一筹划"下，竟盖了一座土地庙，供上了土地菩萨，还在山上辟了一条弯弯曲曲的石子路，在山腰上盖了一个小木亭，后来还办起了私塾，孩子们在这里读书写字，还学会了唱歌。从此后，这里书声琅琅，山歌悠扬，似乎成了世外桃源。

人口逐渐增多后，他们开始向这个"洼地"外的山地发展，许多户人家逐步朝向阳的山南面的山脚下迁去，各自开垦出一片土地，在山南就形成了一个更典型的山寨，那就是现在还存在的"胡家山洼"——也许，第一个迁出的人姓胡，因此才有了这个村名。

最初来到柴洼小村立户的那五六户人家一直没有迁出，如今他们已在这里住了十余代了，故土难离。在"长毛"（即太平军，这里的居民称他们为长毛）"造反"时，军队要避开驻扎在孟河城中的清兵，就选择穿过这个山洼秘密前进。他们要从北边的通济桥过孟河，从这里越过东山，穿过永安桥，从而迂回到孟河南边，构成对孟河城的包围。这是一个军事行动，是秘密进行的。在一个夜晚，他们的先头部队似从天而降，一下子冲入了柴洼小村，杀尽了村中的人后，一把火毁了这个村庄，大队人马在火光中通过了东山，攻占了永安桥，包围了孟河城，经十余天决战，攻下了孟河城。这场战争，使柴洼小村从此消失。

这个典型的山寨小村，从此无影无踪了，但"胡家山洼"还多多少少地保存着山寨村落的特征，虽然已不太典型了。

山寨村落的特点是：民居参差不齐地坐落在向阳的山坡上，房屋一般都较窄小，但建筑的牢固性较高；墙都是由乱石垒成，门、窗都较小，门前、门后都有乱石砌的围墙，房屋四周都栽有各种各样的果树；院门外的山坡上有零星的菜地，低洼处有一个石砌的小池塘，小池塘的上端有引水渠，直通山泉；门口常年挂着留着来年作为种子的玉米棒或高粱穗，门口总有一小块场地，场地上的黄土被夯实，用作社场，有一条碎石小道或石级路通到山下。每户人家总得养一条狗，主屋的旁边有披屋或栅屋，里边养着猪、羊，富一点的人家还会养上一头黄牛，鸡、鸭也自然成群。

山寨村落

山寨村落中的人，常年过着自给自足的生活，很少有外人进入村寨，若某户人家来了客人，就成了村中的一件大事，家家户户的人都要去串门探望，之后这个村子里还会将此事要议上几天。

山寨村落中的居民虽然生活贫苦，但他们生性纯朴，总是把生活过得实实在在、快快乐乐的。

4 一望无垠的南部平原

站在小黄山顶南眺，那是一望无垠的平原，你看到的是一种天地的相融，你感到的是一种浑然的大气，同时还会产生一种出自心底的舒畅。若你走下小黄山进入这大平原的腹部，你就会感到浑然中的精致、自然中的纯朴，还有此处民众所独有的那种与环境相适应的博大胸怀和坦荡性情。

南部平原

这个平原上的村落集中在孟河的一侧，远处都是一望无垠的田野，偶尔有几个小小的村庄，若你深入那几个小的村庄中，你就会捕捉到这大平原的特异气息，也就会看到这里的人们的生活。

村里普通的人家，一般都有两进坐北向南的瓦房，每进三五间，两进中间有一个很大的天井，天井两边是厢屋，东边的厢屋是厨房和饭堂，西边的厢屋用来堆放粮食和农具。大门口有一大块社场，社场两边不是几棵桃树，就是几棵枇杷树或杏树、梨树，间或还会有一两棵桑树，树下整齐地堆着柴草。

村人在一天紧张的劳动后，就会坐下来拿起水烟筒"咕噜""咕噜"地吸上几口，或者再喝点自酿的桂花米酒。这就是这块平原上最普通的劳动者、最平凡的生活，你不妨去看一看、品一品这悠闲自在的农家乐。

5 藏龙卧虎的东山、西山

孟河呈"二龙戏珠"之势，这"珠"就是孟河镇（城），这"龙"就是东山、西山。

远眺东山

东山、西山同属宁镇山脉余脉，本是亲兄弟，但不知为什么现在却相互分离，隔"珠"相望，永生永世连个"拉手"的机会都没有。它们痛苦、挣扎，但它们的"龙力"是不能对抗这大自然的刀劈之功的。它们只能把眼泪化为甘泉，来滋润脚下这片大地，来哺育这里的人们。于是，孟河之地越来越兴旺了，孟河的人也越来越聪明了，但这对兄弟呢？他们只能隔"珠"相望，望得久了，盼得深了，相传其中一条龙的一只眼睛已经瞎了，在东边的山脚下，九龙寺前留下了"清水潭"（亮眼）和"浑水潭"（瞎眼）两个水塘。它们都知道世界上一个最普通的真理：久望无新景，视觉是会疲劳的。现在一条龙已瞎了一只眼了，难道还要让它瞎第二只眼吗？于是它们隔三差五就要换一件新衣，以吸引对方，以巩固这兄弟的情谊。这样一来，可乐坏了孟河人和来孟河的游客了，各种各样的景观出现在东山、西山的山顶、山腰、山脚，让这两座山成了美的世界。这是在孟河流传了两千年的一则故事。

东山

东山指孟河城东那片孤立的宁镇山脉末梢的那部分山峦，连绵 5 公里有余，共有 18 个山峰，能叫得出名称的有灰洲山、孤尘山、狗头山、黄山、龙山、观音山、塔山、爬斗山等，其中最高的山峰海拔 92 米，山顶立勘探地标。这片山地虽不太高，但却很有气势，山峰凸起，山脉回旋，丛林覆盖。在这群山和绿荫中，古迹遍布，每一处遗迹总有一个让人怀古念旧、思绪连绵、感慨万千的故事。

纵观东山，它有以下特异之处。

一是，东山有众多的寺庙。有位史家仍称黄山为"齐梁文化第一山"，这就意味着黄山是展现齐梁文化的地方，它展示的是齐梁文化中的宗教文化，山上遍布着儒、释、道的遗迹：黄歇读书处、萧统读书台、黄山书院、孔庙、旃檀禅寺、九龙寺、红莲寺、玉皇殿、观音殿（阁）。有了宫观庙宇，有了佛、道信仰，再加上文人吟咏，就形成了一个又一个激动人心的故事；萧衍论佛教本土化，黄歇论"滩田围垦"，张天师论"山断龙卧"，郭璞说"地理五诀"，达摩斥"佛性变异"（批萧衍推行的佛教本土化），萧统哭顾娘情真，阳明论心性新说，火烧恶庙红莲寺……

二是，东山有奇景怪石。在东山上听完了这些或激扬或悲伤或怀古或发人深思的故事，当你走在山中，一处处奇景、一座座怪石迎面而来，使你目不暇接，那高大宏伟的是"上山乌龟""下山乌龟"，那一块平滑似镜、大如球场的竖石是"天幕"，那撑住蓝天的是"擎天柱"；那两边如刀切般平整、狭窄得只能让人侧身而过的是"一线天"，还有"关公试石处"、"马良磨刀石"。

三是，东山有钟乳石山洞。若你对奇景怪石看厌了，不妨到钟乳石山洞中一游。东山共有三个山洞：一为东山仙人洞，洞口只能一人钻进，爬行数米后可直立行走，数十米后进入大厅，大厅中央有石桌、石椅，还有一口不见底的竖井，周边全是钟乳石岩洞；一为黄山钟乳石山洞，洞中有各种奇形怪状的钟乳石，一定会让你惊叹天工之奇妙；还有一个为黄山竖洞，因是垂直的，人不能进入，古时成为抛死人的场所，又称"死人洞"。

四是，东山有众多名人坟茔。名山葬名人，名人借山势，此处又成了游客怀古、吊唁名人之处。恽姓一世祖恽贞

道的墓在爬斗山，明朝按察使恽巍的墓在东山，据《梁书》
记载：萧衍的皇后郗徽的墓在武进东城山（现在东山的馒
头墩发现了一个规格很高的墓，疑似郗氏墓，位于东山南
麓，高40米）。孟河医派名医费伯雄、马培之的墓也在东
山。

五是，东山遗留了众多故事。由东山引发出来的故事传说
有几十则，除了上边说到的外，还有恽姓诞生、郗皇后超度、
萧统埋鹅、马良磨刀、乞丐（朱元璋）仙人洞称帝等，一个
个传说都蕴含着孟河地区深厚的文化。

六是，东山为"踏青"（春游）圣地。春日，你若登上小
黄山，北看长江，白帆点点，脚下圩田方方正正，村舍排列整
齐，桃杏点红，梨花飘白，柳絮飞扬，竹叶散香；向南看，一
大片黄灿灿的油菜花，让你的视线再也不愿离开，总让人流连
忘返；你可以尝试无数的游乐项目，如放风筝、爬山比赛、钻
仙人洞、过"一线天"，还可到寺庙拜佛，亦可去恽家一世祖
墓前吊唁，这一切使你既心情愉悦又思绪万千。

七是，东山被古河环抱。青山秀水，山显水弯，是一个旅游
观景之地的必备条件。东山南有十里长河怀抱，北有老孟河围绕，
还有那远方的长江助势，更有山脉怀抱中点点星星的"潭""塘"
"池"相伴，再加这河、这潭、这山，又都有一个个或催人泪下或
使你狂笑不止的故事，观景思情，怎不使人心情开朗呢！先说十
里长河，这是朱元璋下旨开挖的，它是为了困住东山上的"龙"，
才挖了这依山而秀的十里长河，不知他有没有困住孟河的"龙"，
总之明朝最终还是灭亡了，这十里长河倒成了今日我们荡舟的好

去处，还真要感谢这位皇帝呢！东山怀抱中的九龙潭、深水潭、清水潭、浑水潭、九龙湖……一个个都有着动人的故事，更有那绮丽的风光，它们在静待你的观赏。

山崖下的浑水潭

西山

西山指孟河西部的宁镇山脉，西山跨越镇界进入丹阳。人能划地为界，山峦可不听你的指派，宁镇山脉从孟河镇西的固村巷村西面起一直连绵到镇江、到南京，其中自成一体的山峰有乌鸦山、迴龙山、七峰山、嘉山等。西山的山势险过东山，但人文历史逊于东山，自然景观异常美丽。

迴龙山山势险要，是宋时从军伍中退出来的巢氏家族入居孟河时的首个居住地，在那里他们依山傍水建房安营，保护族人，留下了寺院等建筑群落。在元朝初年，这些建筑被蒙古人放火烧了，只留下了遗址，巢家人逃到山外，战后才在现在的固村巷重新建村安家，而把迴龙山当作巢家先祖的遗址。

西山上知名的建筑中有一座国际人文陵园，这是一座依托自然景观、以孟河深厚的历史文化为底蕴而打造出的有江南陵园特色的国际人文陵园。近年已把本地的一些精英人物的坟墓迁入陵园，此处成为一处蕴含着全新生命观的旅游景点。

三 史海回眸

1 远古足迹

孟河地区的古人类的活动在史书上没有具体记载，其原因可能有两个：一是那个时代没有文字；二是孟河地区未进行较大规模的考古，所以形成了空白。

历史是人类活动的历史，远古的人类必须依水而居，孟河地区多水，这是孟河地区有古人类的基础。

孟河又有山，在远古的某个特定时间段内曾发生过水灾，上山就成了人类集居的一种必然选择，孟河特异的地形又为孟河有古人类在此活动增加了一个可能。

历史上，的确发生过多次"海侵"（海平面升高），远的不说，就说最近的一次"海侵"，那是在距今 6000 ~ 5000 年间，海面升高了 3 ~ 4 米，苏、浙、闽的平原地区成了一片汪洋。

常州"圩墩遗址"的考古证明，那里在 6000 年前就有了人类活动的足迹，常州距孟河仅有几十里之遥，但那批人在最后一次"海侵"时消失了。2013年底，在小黄山九龙禅寺附近挖掘出一些稻谷，据专家分析，这稻谷距今至少已有5000年了，或许可证明此处曾有古人类活动。

再回到考古学，新石器时代的陶器在万绥地区和孟河的

孟河20世纪60年代出土文物（现存武进博物馆）

东、西两山都曾被发现，还发现了许多石器和骨器，这一切都说明孟河地区最起码在 5000 年前就已有能种粮拔麻的较先进的人类在活动了。

《孟城乡志》上记载：

> 嘉山（西山）曾出土几何花纹的红色夹砂陶器碎片，黄山（东山）曾出土青铜器，这证明在新石器时代和殷周时代，这里就有人类活动。

根据考古推测，这些出土文物离现在已经有四五千年了。孟河先祖的"远古足迹"到底如何，还有待考古学提供具体的证据。

2　夫差开河

据《江苏通志》载：

> 周敬王二十五年（前 495），运河在（常州）府南，自望亭入无锡县界，流经郡治西北，抵达奔牛镇，达到孟河，行百七十里。吴夫差凿。

由此，孟河被记入史册，这也就成为孟河有历史记录的开端，离当代约 2500 年。

公元前 496 年夏，吴王阖闾举兵伐越，虽得小胜，但阖闾中箭受伤，不久因伤病而亡。临死前，阖闾立夫差为太子。
《史记·吴太伯世家》载：

> 阖闾使立太子夫差，谓曰："尔忘勾践杀汝父乎？"
> 对曰："不敢。"

据《史记》记载，公元前495年，夫差继位后，不敢忘
却其父临终遗言，"常以报越为志"，再加上年少气盛，为图
霸业而欲伐齐。他即位当年就颁发诏令，开凿了一条从望亭抵
常州奔牛、经过孟河而出长江的运河。此河大部分为古时自然
河道，部分为人工挖掘、拓宽和疏浚的河道，全长170余里，
开通后，为吴国北上称霸提供了便利。

这条大运河的开凿，在中国运河史上意义重大。它不仅是
江南古运河，也是京杭运河最早开凿的河段，因它没有具体名
称，我们权且称它为"春秋运河"。

这条河是由于吴王夫差要灭北方的邗国而开凿的。邗国在
北方，要过长江去打仗，就必须走水路，要打仗还必须要运
粮，也必须走水路，这就是夫差开"春秋运河"的原因。

运河的规模在那时可算是很大了，据《京杭运河志》载，
此河能行驶船只的规模是：

> 船长10丈，宽15尺，可载士卒90余人。

在那个时代，这样的运河规模已相当大了。

"春秋运河"图

吴国借助"春秋运河"运兵、运粮，吴王夫差先打败了越国，报了杀父之仇，又攻下了邗国，重创了楚国，欲霸中国"以全周室"的梦想几能实现，这是"春秋运河"在那个时代，对于吴国、对于历史的贡献。它在无意中还对孟河地区的发展做出了贡献，它不仅使孟河进入了历史，继而锁定了孟河的命运——因水而生、因水而兴。孟河依靠这条沟通南北的大运河，从此走上了兴旺发达之路。

3 黄歇围田

公元前 262 年，北方又有一位精英人物循长江水路、"春秋运河"进入吴地，他就是当时赫赫有名的"战国四公子"之一的楚国春申君黄歇。

黄歇（前314～前238），楚国江夏人，原籍楚国的属国黄国（今河南省潢川县），楚国著名的政治家。他与魏国信陵君魏无忌、赵国平原君赵胜、齐国孟尝君田文并称为"战国四公子"，曾任楚相。

黄歇年轻时四处拜师求学，见多识广，很受楚顷襄王赏识，后又受楚考烈王提拔，被任命为楚国令尹，封为春申君，以淮北12县为封地。15年后，由于与齐国相邻的淮北地区经常发生战事，黄歇向楚王进言道："淮北地区靠近齐国，那里情势紧急，请把这个地区划为郡，治理更为方便。"他献出淮北12个县，请求将封地移到江东。考烈王答应了他的请求。春申君就这样来到了江东，并在吴国故都修建城堡，把它们作为自己的都邑。

黄歇到江东后，曾在孟河的东山读书，因而孟河的东山被称为"黄山"，史学家屠寄所写的《黄山旃檀禅寺碑记》有如下记载：

> 江苏常州武进西北隅，有黄山者，史记战国时，楚春申君黄歇公子读书处，后人因名黄山。

黄山上有"黄歇读书处"的遗址，"黄歇读书处"后来又改建为"萧统读书台"。在此基础上，宋朝时又修了黄山书院，建了孔庙，在元朝时，这一切统统被蒙古人烧毁。

黄歇来江东任职后，一个很大的功绩就是在江东各地兴修水利，"围田垦殖"。

谈到黄歇的围垦，就必须要谈那时江东的生态环境。江东属于水网地带，这是在海平面的几次大涨大落后形成的，在4000年前的那次海平面下降后，海平面就维持在一定的高度，但为江东地区留下了许多港湾、湖泊、水塘、滩涂。那时长江出水处的喇叭口就在孟河地区宁镇山脉余脉的东北侧，那里全部是长江边的滩涂之地，因而那时孟河被称为"凫庄"。所谓"凫庄"，即指孟河是一个浮在水面上的村庄。黄歇面对孟河和其他地方的这些情况，开始思考如何来治水、围垦。

黄歇在江阴组织疏浚了芙蓉湖，还先后主持开凿申浦河、黄田港，在湖荡地段进行较大范围的围田垦殖。在孟河，他也提倡围垦，沿着长江，围成了一个又一个的圩，在每个圩中开通沟渠，在圩堤上筑"水（涵）洞"，江河水位高时引水灌溉，江河水位低时，放水排涝，从而使孟河东北部的滩涂逐步变成了稻、麦两熟的良田，在孟河创造了"圩田农耕经济"，为孟河的农业发展打下了基础。孟河人民因此结束了"凫庄"的生活模式，开始文明耕作，过上了能解决温饱的农耕生活。这种"围田"始于黄歇，随着长江河床的北移，沿着"春秋运河"和后来的孟河，一个圩一个圩地围过去，到19世纪已经围到了"二十七圩"（即第二十七个圩）。

4 恽姓诞生

在全国范围内恽姓极少见，《中国姓氏大全》将"恽"归为罕见姓，而恽姓在常州却是常见姓。据 2009 年全国户籍姓氏统计，全国有恽姓 17779 人，恽姓位列全国姓氏排序 588 位，常州市恽姓有 9300 余人。

从 2010 年 5 月第十四次修缮的恽氏家谱来看，"恽"姓是出自杨姓，发源地是常州孟河。这次修缮的《恽氏家乘》载：

> 汉宣帝时，司马迁的外孙杨恽被封为平通侯，后来被贬为庶人，他对此不服，在给友人的书信中表示了不满的情绪，汉宣帝发怒降旨腰斩杨恽。杨恽的儿子得到信息后逃离京都，来到今天的常州新北区孟河一带。为避祸患，他把父亲杨恽的名"恽"作为姓，从此世上就有了恽姓。

据《汉书·杨恽传》记载，杨恽是当时著名的士大夫，他轻财好义，有很大的名气。杨恽的生母是司马迁的女儿司马英。

杨恽有着出众的才智和惊人的勇气，司马迁的《史记》能公之于世是他不懈努力的结果。他是最早意识到司马迁留下的遗著具有巨大价值的少数的几个人之一，因而不惜招惹杀身灭族之祸，为保存和传播《史记》做出了历史性贡献。司马迁写完《史记》后，考虑到《史记》的内容有批判性，很有可能会被汉武帝焚毁，就做了一些保护措施。司马迁死后，他的家人把一部《史记》转移、藏匿到女儿司马英家中。杨恽自幼聪颖好学，他的母亲就把珍藏的这部《史记》拿出来给他读。杨恽被书中的内容吸引住了，爱不释手，每读一遍总是热泪盈眶，扼腕叹息。杨恽被封为平通侯后，他看到当时朝政清明，想到外祖父的这部巨著尘封了 20 年，也该是重见天日的时候了，于是把《史记》献了出来，上书宣帝，获准公开发行，从此这部伟大的著作才见之于世。

这些事迹，在班固所著的《汉书》中都有记载。

由于杨恽自负又常揭人隐私，就被朝中不少人怨恨。他被太仆戴长乐检举"以主上为戏（拿皇帝开玩笑），语近悖逆"后，汉宣帝就把杨恽打入监狱，他被释放出来后，被免职降为庶人。

公元前 54 年，出现了日食。日食在今人眼中只是一种天文现象，在古代却是一种关乎性命的预兆。古代一旦出现日食，就可能有两种人要丢掉性命，第一种是皇帝，第二种是大臣。皇帝当然不想死，因此只能让大臣死。汉宣帝正在思考该处死哪个大臣的时候，有一个叫拜成的负责养马的小官前来告密。他说，日食警告的是杨恽，因为他罢官后不但没有悔过，反而骄奢淫逸，私自经商，又写过一篇文章，很有怨恨皇帝的意思。宣帝大怒，下令逮捕杨恽，并将其腰斩。

杨恽被腰斩后，他的儿子、汉梁王左相杨贞道（字子冬）侥幸脱险，逃离京城，一路乞讨，渡江到毗陵爬斗山（现常州市新北区孟河镇）定居，用父亲的名"恽"为姓，以避免官府追杀。

阳湖文派创始人之一张惠言在《敕封文林郎恽君墓志铭》中曾记载：

> 恽本杨氏，汉平通侯恽，其子违难，是曰贞道。后迁

于毗陵之黄山而葬焉，子孙世为毗陵人……惟恽氏自汉子
孙不他徙，能志其祖居而葬，至于今不婚杨氏。

恽贞道率领家眷在爬斗山上垦荒度日，去世后葬在爬斗山。
恽氏来到常州后，子孙严循祖训，以耕读传家，不入仕途，直
到宋朝宝庆丙戌年（1226），恽文（46 世）才以进士入仕。明、
清二朝，恽氏名人辈出，成为常州望族。《辞海》"恽"字条目，
列举的四名恽姓人物都是常州籍；以收"二十四史"人物为主
的《中国历代人名大辞典》共收入恽姓 15 人，其中 13 名为常
州籍，2 名为"顺天大兴人，原籍江苏阳湖"；《中华姓氏大典》
记有"武进多恽氏，他县无闻"，并列举了恽文、恽巍、恽绍
芳、恽敬、恽树玉 5 人。

"天下恽姓出孟河"，由此而来。

5 刘秀开渎

自公元前 495 年吴王夫差凿大运河始，到西汉末年，大运
河孟河段已基本淤塞，这是由于孟河段区域内的河床多泛泥沙，
且河道常年不疏通。因此，逢到大旱大涝之年常发生旱涝灾难，
更对运输造成了影响，过去能航大船，现在只能行小舟，到了
枯水季节，还会发生断航，这不仅严重地影响了交通，还使两
岸农民苦不堪言。

就在这时，还真的有一个圣人来了，不过那人来的时候，
可不是什么伟人，仅是汉皇族的后裔，还是属于远支旁庶一脉，

他叫刘秀。刘秀可是个奇人，其长兄刘縯倾家荡产交结天下豪杰，欲图大事，刘秀为人"多权略"，处事极为谨慎。新莽末年，天下的乱象已现，刘縯和南阳的诸多子弟都欲趁乱起兵，而刘秀却持谨慎的态度以观时局。据《太平御览》卷九十引《东观汉记》载：

> 上深念良久，天变已成，遂市兵弩。

可见，刘秀不是轻易起兵夺权，而是经过深思熟虑和谨慎决断，见天下确已大乱，方才决定起兵。在众兄弟起兵厮杀之际，他却别出心裁做出了一件与众不同的事，这件事用现在的话说，就是走遍各地进行调查研究，充分了解民情。

这个调查开始于何时，结束于何时，是系统调查还是即兴调查，史料上都无充分的记载。后来刘秀做了皇帝后下旨疏通孟河地区的孟渎和浦渎，再加上许多民间书籍的记录，就可证明，他在称帝前曾到孟河"调研"过，关于这段历史，在《风土记》中载：

> 汉光武帝初，潜尝宿井旁，民为指途达江浒，即位命开此渎。

《武进阳湖县志》记载：西汉时，即有七里井（浦渎前名）。《祥符图经》引巴州刺史《羊士谔记》，说：

> 七里井相传在今浦渎上。

《陈续志》对七里井的位置说得更明白，指"江桥至兰陵桥"，即原浦河乡的江桥（浦河）至今天万绥东岳庙前的兰陵桥那一段。

可见，刘秀在称帝前曾来过孟河，知道孟河各处河道淤塞。因此，他称帝后，就下旨开通此渎。《万绥乡志》是这样记载的：

> 阔五丈，深七尺，成为浦渎，从老孟河进出口，西通镇江，东达常州，南到吕城三板桥处，浦渎、孟渎成为南北水上交通要道。

《武进阳湖县志》上记载道：

> 东汉建武元年，光武帝刘秀下命在此开浚河渎，从长江口（抄瓢港）至黄山脚下西边汤巷村（今城北村的汤巷里），水路由孟渎一路凿通了万绥，浦河至养济河、牛塘河、小横河等十多条小河流，全长近五十里。

由此可看出，刘秀在即位前对孟河地区河道情况的调查是非常仔细的，所以他称帝后能推行这项水利方面的系统工作。这个系统工程完成后，孟河开始以一个全新的面貌出现在历史上。

刘秀下令新开的这些河道，成为京口（镇江）至江阴间连接南运河与长江之间的水上大动脉，也是大运河北达长江的重要通江河道。孟河（河庄口）成了一个新的通江口岸。因水路通畅，从此，漕粮船只不必再艰难翻过常州的奔牛堰，排队等候过坝，可从此河进入长江。

　　孟河从此就"廛集成市"。船只来往频繁，人口日益增多，货物贸易也逐渐繁荣，来往的人们将这个新兴的通江口岸称为"河庄口"。孟河也就有了它的第二个名称——河庄，并刻碑留存。

　　笔者是为数不多的有幸看到这个石碑的人之一。那是在1959 年的春天，当时笔者在孟河乡城北大队做统计员，每天上午要到全大队的各个生产队的田间去统计出勤情况。那天笔者来到了城北三队，在老孟河东的汤巷村附近找到了队长林恒章。当时，他们三四个人正在把开挖草塘时挖到的一块大石头往上搬，笔者放下手中的材料袋立即去帮忙，把那块石头搬了出来。大家用水把那块石碑上的泥冲了一下，发现了那碑中央的两个大字"河庄"，碑的左下角隐约有一个"汉"字。我们这几个人没有考古学知识，更不知道什么叫文物，对这个碑一点儿也没有重视，做完这一切后，大家洗洗手就各做各的事去了。等到若干年后，我们知道那是为河庄而立的碑时，懊悔已晚了，那块石碑早已踪迹全无了。

　　汉光武帝实施的这一项大型的河道疏通工程，使孟河地区水路畅通，交通发达，使孟河成了一个商埠，成了一个军港，为孟河日后的发展打下了坚实的基础。

　　自东汉始，孟河的社会发展进入了一个全新的阶段，这是孟河"因水而兴"的开端。

6　孟嘉落帽

在 2500 年的历史进程中，孟河地区有过许多名称。它的第一个名称叫"凫庄"，那是 2300 年前的名称，是因孟河位于长江畔、具有特异的水域生态而得来的名称。这个名称自战国时期楚国的春申君黄歇在孟河围田、推行圩田文化、改变了生态环境后，逐渐自行消失了。

孟河的第二个名称叫"河庄"。东汉刘秀疏浚了"春秋大运河"，另开挖了出江口（抄瓢港），孟河成了一个通商口岸，因这个口岸叫"河庄口"，"河庄"也就成了这个地方的名称。这个名称后来虽被新名称所代替，但民间仍使用它。

孟河的第三个名称，就是一直使用至今的名称——孟河。"孟河"这个名称的出现，在文人的记载和民间传说中，说法又有不同，分别出现在相隔五六百年的晋朝和唐朝，但既然这两种说法都出现了，而且都被民间接受了，我们就得认可。

"孟河"这一名称首次出现是在晋代，是依托文人的一段"美谈"而出现的，这个"美谈"的名称是"孟嘉落帽"。这件事是有文字记录的，现摘录《晋书》中有关文字如下：

> 有风到至，吹嘉帽堕落，嘉不知觉，温使左右勿言，欲观其举止，嘉良久如厕，温令取还之，命孙盛作文嘲嘉，著嘉坐处，嘉还见，即答之，其文甚美，四坐嗟叹。

这段文字中的孟嘉是晋时的名士，当时是东晋大将桓温的参军。孙盛是太原人，当时任咨议参军。这一段"美谈"既记入了历史，肯定是事实。因其没有说明这个"美谈"发生的具体地址（只说是龙山）和孟嘉所写"美文"的具体内容，后来的文人进行了各种各样的"猜想"，其中有一个"猜想"是把"孟"这个字冠给了孟河。这样，孟嘉落帽的那个小土坡叫"帽山"，山东边的河叫"孟河"，河西边的山叫"嘉山"。这个"美谈"由此进入了"历史"，《孟城乡志》中有以下记录：

> 据《羊士谔记》，说是东晋桓温的谋士孟嘉尝隐居于此，嘉山西距孟河十里，原名龙山。《幼学句解》中有"风高九日，孟生落帽于龙山"之句。嗣后，龙山易名嘉山，河命名为孟渎。

"孟河"名称的第二个来由就简单得多了。

到了唐朝，刘秀下旨开凿的孟渎又淤塞了，于是唐皇下令疏浚孟渎，由上任不久的常州刺史孟简亲自督工。后来众人就把这条河道叫孟河，地因河而得名，孟河从此由"河庄"改名为"孟河"。

这个说法简单可信，那该怎样来解释"孟河"这个名称有两个不同的来由呢？这似乎已不重要了，因有了这两个来源，似乎还使孟河更具有风情，更有了情趣。还有一点很重要，孟河这个地方自姓了"孟"后再也没有改姓，只是

把它下边的"名"由"河"改为"城"、由"乡"改为
"镇"而已。

7 萧氏南迁

265 年，司马炎代魏称帝，改国号为"晋"，以其强大的
军事力量统一了当时还处于分裂之中的中国，结束了东汉末年
以来的混乱局面。统一的局面仅维持了 30 余年，至晋怀帝永
嘉年间发生了重大转折。各地强大的门阀势力开始争夺主位，
匈奴、鲜卑、羯、氐、羌五族乘虚而入，出现了"八王造反"
"五胡乱华"的分裂格局。北方社会动荡不安，西晋王朝开始
走向分崩瓦解，迫使士族和百姓南迁，中原汉人第一次大规模
迁移由此拉开序幕，史称"永嘉南渡"。这时，萧氏一支脉迁
往武进东城里。

《南史·齐本纪》记载，兰陵萧氏原籍地为东海兰陵县
（今山东省苍山和枣庄一带）中都乡中都里。"永嘉南渡"时，
由淮阴县县令萧整率族人入居武进东城里。

当时中原南迁人士寓居江南，皆为"侨置本土"。所谓
"侨置"，即朝廷将流民集中的地方冠以他们原籍的名称，后
为区别北方本土的地名，前加"南"字，侨置州、郡、县。
兰陵侨置于武进，故武进又称南兰陵，萧整一族被称为南兰陵
人。南朝梁代时，为追忆先祖，曾改武进县为兰陵县。常州别
称兰陵源于此。

据《新唐书·宰相世系表》记载，兰陵萧氏家族渡江南

的成员两位：一位是武进萧整，生萧俊、萧镶等三子，后代有齐、梁两朝皇族，史称"齐梁房"；另一位是曲阿（今江苏丹徒）萧卓，他的后代成了南朝刘宋皇室的外戚，史称"皇舅房"。

"齐梁房"萧氏家族开始时是依赖于"皇舅房"而生存的。刘宋立朝后，刘裕的继母萧文寿是萧家的女儿，刘裕很尊重她。她成了皇太后以后，自然要帮助萧家的子孙。于是，"齐梁房"中许多有为的族人纷纷投奔刘宋王朝。当时处于南北分裂的战争时代，朝野都重视军事，在晋时有一支御林军，称北府兵，刘裕就是靠这支军队夺得皇位的，他登基后保留了这支部队，但废弃了原来的名称。这支部队的首领就是萧皇太后的侄儿萧思话，于是武进"齐梁房"中的许多有志青年纷纷投军，在这支部队中，他们靠勇敢善战、机智善谋，不仅练就了带兵打仗的硬本事，他们的官位也越来越高。萧整的第四代孙萧承之，带着他年轻的儿子萧道成，也加入了这支军队。他们打了许多硬仗和大仗，立了许多战功，官职步步上升。萧道成当上了刘宋的辅国大臣，乘刘宋皇室内斗激烈之时，很轻易地就取得了皇位，萧氏家族中的第一个皇帝就这样出现了。从此，孟河成了一个"出皇帝"的地方。

8　兰陵郡县

武进东城里（孟河万绥），在"二十四史"中出现过许多次。这说明那时孟河在社会中的地位之高，它自西晋开始就是武进县县治。

"武进"这个名称起于嘉禾三年（234），孙权为扩大势力范围，从丹徒出兵，一路打到现在的武昌后，他大喜，便为这两个地方命名。他把"以武而进"的出发地丹徒改为"武进"，把因"武力的昌盛"而获得的最远的那块地方称为"武昌"，从而有了"武进"和"武昌"这两个地名。到了西晋，区域调整，唐《元和郡县志》称：

> 晋武帝复改武进为丹徒，别置武进县于丹阳县东五十里。

晋武帝把县治所在地设于武进东城里（今日孟河镇的万绥）。梁天监元年（502），此处改名为兰陵县，后又复称武进县，虽县名改了两次，县治及兰陵郡的郡治，还一直设在武进东城里，直至唐武德三年（620），县治才移至常州。从晋太康二年（281）置武进县起，到唐武德三年（620），这340年中，孟河一直是郡治、县治。由此可看出，孟河在当时政治、经济、文化发展水平之高。

那么，怎样来理解"兰陵"和"南兰陵"这两个县名呢？

《宋书·州郡志》载，晋永嘉大乱，多地流民"相率过淮，亦有过江在晋陵郡界者"，"以江乘置南东海、南琅邪、南东平、南兰陵等郡"，"南兰陵太守，首县兰陵"。《咸淳毗陵志》载："元帝太兴元年，侨置南兰陵郡于武进县。"

这个"侨"字，含有"借住"的意思，孟河这块地方仍然是武进县。笔者在调查和查阅武进的《汤庄乡志》后得知，在武进汤庄乡境内，与现沪宁高速并行，有一条东西走向的沟渠，宽三丈有余，称"兰陵沟"，汤庄东有一条南北走向的兰陵河（后改名为齐梁河），若再把北边的长江放在一起考量，这样就围成了一个区域，《汤庄乡志》上明言，这个区域就是萧氏家族侨居的兰陵县。至于兰陵郡有多大的范围，笔者未查到史料，也无从去调查。从上述的文字中，可粗略地看出侨兰陵郡大概是指整个武进县了。《万绥乡志》载：

> 至南朝刘宋时，又改为南兰陵，郡、县、治所均设在阜通镇。陈永定二年（558）又改兰陵郡为东海郡，仍辖兰陵县。

上面《万绥乡志》中关于"阜通镇"的记载有误，应为"武进东城里"，因为"阜通镇"一名在明初才出现。现在要来讨论一下"武进东城里"这个名称。

《南齐书·高帝纪》记载，晋陵郡武进县之东城里，为侨南兰陵郡兰陵县治。据《咸淳毗陵志》卷二七《古迹》记载："兰陵城，在县北八十里千秋乡万岁镇西南。齐四世祖淮阴令萧整侨居之地。""兰陵城"即为今萧整的家庙吉祥寺所在的地区。东城里是萧齐高帝祖先寓居之地，是萧氏南渡后发祥之地，故名皇基，又改名皇业。所谓"东城"，乃武进县之东城，顾祖禹的《读史方舆纪要》载：兰陵城，常州"府城西北六十里。晋太兴初，始置南兰陵郡及兰陵县于武进界内，宋

因之，亦曰东城，以在武进东也。萧道成高曾以下皆居武进之
东城里，因为南兰陵人也"。顾祖禹说东城是武进县之东城，
与《南齐书》记载萧齐高帝四祖萧整寓居武进县之东城里
（即侨居南兰陵郡兰陵县），正相符合。

9 万岁冠名

孟河地区在历史上的重要地位，还可以从另一件事中得到
印证，即孟河万绥地区还被称为"万岁镇"，这也是历史上唯
一的一个被冠名为"万岁镇"的城镇。

在萧衍做了皇帝后，人们抱着崇敬的心态，把萧衍的祖先
所住的地方称为"万岁里"，这个概念不断扩大，后来人们也就
干脆把万绥改称为"万岁"了，但这仅是当时民间的称呼。

在唐朝时，唐太宗扩建万绥东岳庙后，赐名为"万岁东
岳行宫"，此后把万绥称为"万岁"似乎就更应该了，并使它
的存在以"圣谕"为信托。这是第二个层次上的"万岁镇"，
但仍未进入"建制"。

宋太祖赵匡胤，在建隆元年（960）把孟河境内的万绥正
式命名为"万岁镇"，从而使其正式进入建制。

若不纠缠于这些名称，回到孟河地区本身，从晋到宋，孟
河万绥地区一直是一个举足轻重的地区，是一个对当时的政
治、经济、文化有影响的地区，所以唐太宗李世民、宋太祖赵
匡胤分别赐名"万岁东岳行宫""万岁镇"，有了这一点历史
认同，也就足矣。

10 孟简开渎

孟河镇是因水而生、因水而兴的。公元前495年,吴王夫差开凿春秋大运河从孟河入长江。公元25年,刘秀下令把孟渎、浦渎沟通,重新开挖了孟河入长江的通道,汤巷成了"河庄口",孟河成了一个商埠,成为苏南、苏北商品的集散地和交易之处,孟河的经济由此趋向繁荣。孟河地处长江三角洲的冲积平原,河道底部常有"泛沙"出现,所谓"泛沙"就是河底有泥沙渗出,若河水有足够的流速和较多的航船通行,水流会把这些泥沙带入长江,若流速不足,航船不多,这些泥沙就沉积,从而使河床抬高,因而孟河就要五年一小"开"(挖),十年一大"开"。疏通河道耗费很大,不仅自孟河开通至东汉初的这600年中少有疏浚,而且从东汉、到魏、晋、南北朝,也很少疏浚。河床的淤塞越来越严重,运输也越来越困难,以往载上百人的船、"漕运"的船皆可通行,但现在河道只能走普通民船,不能担负"漕运"的任务了,好在此时,已开凿了隋唐大运河,南方的"漕运"粮船可通过大运河直入长江,所以孟河河道的淤塞在较长的时期内未能引起唐朝廷的注意。直到唐玄宗执政时,优越的自然条件,使南方经济迅速发展,苏杭成了"漕粮"的来源地,大运河再也承受不住"漕运"的压力,于是政府开始尝试漕粮海运,让漕船入长江后进入大海北运,这虽是一个良计,可降低北方大运河的压力,但苏南段的大运河的压力仍未解决。若重启孟河的漕运，可以减少京杭大运河苏南段的压力，再沿途设仓，收集粮食，用中等船只装运，到入江口再入海船，这样就更好了。于是，宪宗皇帝李纯命令常州刺史孟简疏浚孟河。

唐元和八年（813），孟简刚到常州上任不久，接到这个诏令后，立即带领河监一行人进驻孟河进行勘察调研。他听到一句民谚："若要孟河通，要请大禹来督工。"他需要解决一个问题：孟河段的"泛沙"怎么防止。

孟简陷入了焦躁不安之中，一边是皇帝限日开通孟河的诏令，一边是那无穷的"泛沙"。

孟简是个硬汉子，君令如山，不管有多大的困难总得先开工，他征集民夫和军士5万余名，从奔牛到长江口摆开了"一"字长蛇阵。

经过半年的苦战，各段工程纷纷告捷，唯孟河至万绥的某一段不通，白天挖通了，晚上河底沙又涨上来了，日夜不停地开挖，又不停地上涨，请来了河工高手，用了杀头的酷刑，还是无济于事。一个个河工灰心了，一个个监工逃跑了，孟简只能一人关在中军帐中，感叹时运不济，带着壮志未酬的遗憾，写下了遗书，准备为此殉职。

孟简最终如何解决了开河中遇到的难题，史书没有给我们留下答案，而民间却给我们留下了一个传说，这个传说名叫"孟简夜战孟河龙"。

这个传说很简单。相传孟简写遗书时，一个道士飘然而来，他留下了一段偈语后，又飘然而去，他用偈语告知孟简战胜泥沙的方法，即当代水利治理中常使用的"压沙法"。

孟河开通后，大大小小的船只畅通无阻了，"漕运"给孟河带来了新的商机，孟河又呈现了新的繁荣局面。

11 刘六造船

1956 年冬到 1957 年春，武进县政府动员了 21600 名民工，对孟河进行了一次大规模的疏浚和开挖，在通济桥（匡家木桥）至卧龙桥段，挖掘出大量的木制件和船帮、船橹等物件，由此引起学者的注意。经查阅资料得知，这是明朝刘六、刘七起义时，在这里办的造船厂的遗物。

明朝的农民起义事件很多，简单地翻阅一下史书，最起码有几十起，主要是由于大规模的政治清洗、天灾人祸，从官到民都心怀不满，发生了多次民变，刘六、刘七起义就是其中一例。

刘六、刘七的义军是在明正德五年（1510）起事的。当时刘瑾执政，"民困已极，庐舍几空"。刘六、刘七兄弟是河北霸州文安人，均"胆力弓矢绝伦"，骁勇善骑射，最初协助官府捕捉"响马盗"。正德四年（1509），刘瑾的家奴梁洪向刘家索贿，遭到拒绝，梁洪怀恨在心，于是诬告刘氏兄弟是"畿南大盗"，二刘的家人遭到逮捕，迫使刘家兄弟于正德五年（1510）十月在霸州起事，贫苦农民纷起响应，迅速发展为万余人。1511 年，义军攻占束鹿县城（今旧城镇）。

义军一度逼近京师，明廷加派精锐军队"围剿"，后义军屡屡失利，转战河北、山东、河南等地。正德七年（1512），刘六在黄州投水自尽，刘七弃马登舟，退至通州（今江苏南通）之狼山（长江北岸），最后中箭落水而死。

转战山东的那一路刘六的义军考虑到以后到南方作战需要战船与水兵，因此他们就抽出一队士兵，乔装成流民和富商进入江东之地，兴办船厂。这一批人是以平民和商人的身份来到南方的，所以没有引起官府的注意。他们考察了几个地区后，最终选择了孟河这个近江靠山的地方，进可以开船到长江，到北方战场去参战，退还可以到东山、西山去做响马，于是他们在这里办了造船厂。

当他们得知义军主力在1512年被镇压后，这些人在一夜之间就全部逃走了，把一个船厂留在了孟河。当地人见这个厂久不见人影，就开始哄抢，引来了官府镇压，才知道这是刘六的义军所办的一个造船厂。

官方为了追查逃兵的下落，把附近的许多百姓抓去询问、拷打，在严刑之下，竟有一个胆小的人承认自己就是"盗匪"，那人很快被正法，官府也就宣告破案，但实际上百余名船厂的兴办者一个也没有抓到。

刘六办船厂也就成为当地民间的一个传说，1957年春船厂遗址的发现，证明了这个传说的真实性，使这件事成为孟河历史的一个部分。

《孟城乡志》上也留下了记录：

> 刘六、刘七起义，转战山东、江苏，曾在孟渎（旧孟河）大冶战舰。

12 嘉靖年间建城

在明、清两个朝代，中国东部沿海地区经常受到倭寇的侵扰，他们不仅抢劫，还杀人放火，往往在深夜抢劫、血洗了一个村庄或镇区后，第二天清晨就无影无踪。他们很少抢劫大城市，只抢劫沿海沿江的小城镇和富裕的村庄。

倭寇是从海上来的，他们的交通工具自然是船只，他们侵扰的地区多为黄海、东海沿岸的村镇。后来由于南方经济的迅猛发展，他们进行了转移，多抢劫南方的村镇，还大胆地进入长江，沿江河到内地抢劫，往往是抢劫了十天半月后，他们就满载而归，把抢来的财富送回日本或寄存在别处，再进行第二次抢劫。

面对这种强盗行径，明嘉靖帝决定沿海、沿长江建16座城堡，驻扎军队，打击倭寇。孟河因在长江边，又是长江进入大运河的主要通道，为此，孟河也成了建城的对象。嘉靖三十三年（1554），御史孙翊奉旨来孟河建城。

孟河古城墙一直保持完好，五个城门都有专门的守门人，吊桥每天早放晚收，这个习惯一直延续到清朝末年。民国成立后，吊桥被取消，改建为各种各样的木桥或石桥，但名称还保留着，特别是北门外的吊桥留给人们的印象最深，因为北门外是孟河繁华的街区，又是城内居民出城买菜的必经之路。这个吊桥被拆后，就建了一座平板石桥。

孟城城墙是在1958年"大跃进"中被拆毁的，如今仅留有大南门附近的约100平方米的土墩。

复建的定常门段城墙

孙翊在孟河建城，对孟河是有贡献的。从当时来说，城墙有效地阻拦了倭寇猖狂入侵，切断了倭寇内侵的一条通道。建好城后，军民在孟河城下和进犯的倭寇几次作战，并大获全胜，使倭寇再也不敢从孟河水道进出。从根本上来说，城墙建造后，确立了孟河作为军事要塞的地位，对孟河社会地位的提高、地方上的安定、经济的发展做出了贡献。孙翊也是一个我们应该纪念的历史人物。

13 都图议政

据《孟城乡志》载：

　　明代改千秋乡为通江乡，统筹三个都，十八个图，一百七十八个村。

这一段文字说明明朝已实行都图制了，所谓都图制，就是乡镇的行政结构为乡—都—图—村。

在中国古代的农村，行政模式可用一段话来概括："国权不下县，县下唯宗族，宗族靠自治，自治靠伦理，伦理出乡绅。"国家的管理到县一级，县一级下面就是靠当地来管理，这管理靠谁呢？就是靠乡绅，乡绅又是以什么来管理呢？就是靠伦理道德，这里所说的伦理，就是儒家伦理。这既体现了乡村自治，也体现了封建宗法思想。在孟河这一带，民间的纠纷就是靠都、图的绅士通过"吃讲茶"的形式来解决。乡村一些公益和政务上的事情也是靠都、图的董事们通过"都图议政"（简称议图）的形式做出决定的。"吃讲茶"和"都图议政"成为孟河地区民间治理的一种有效模式。

"都图"的自治体现在都、图公所的建制模式和日常的运作中。都、图的董事由当地主持公道的士绅、族长、退休官员、白衣秀才等担任，所有的议事、调解、惩罚等以"吃讲茶"为主要形式进行，"吃讲茶"多在都、图公所内，或在茶店内。"吃讲茶"时，所有的民众都可参加议事、议政和调解矛盾，充分体现了"自治"和"民主"。

先说"吃讲茶"。"吃讲茶"的形式是这样的：由发生纠纷的一方出面去请地方上的士绅来解决，那个有资格来调解的士绅，民间就称为"大先生"。"大先生"解决的方法就是在茶店里公开听取双方的叙说，公开做出裁决。"吃讲茶"时广大群众只要花上几个铜板，泡上一壶茶，就可在那里倾听闹矛盾双方的诉说，了解"大先生"的分析、判断。每个人都可以发表意见，"大先生"在听完双方的叙说和在座的群众意见后，有时当场做出裁决，有时还需要进行详细的调查和个别调解，待再次"吃讲茶"时做出公开裁决。"大先生"并不是官方任命的，也不是通过什么形式选举的，而是自然产生的，是老百姓在不自觉的过程中通过默许而"推举"出来的。因而，作为"大先生"，他除了要具有一定的身份（一般都是士绅和退休的官员、族长和白衣秀才等）外，还要公平判决，才能得到群众的拥护。若哪个"大先生"有一两次判决不公，被老百姓"掀了台子"，这个"大先生"就只能灰溜溜地告退，再也不能坐到"吃讲茶"的主桌上了。

"吃讲茶"的形式显示了中国农村在那个时代探讨乡村自治和试图走向民主之路的努力。当然，这种努力是在儒家思想指导下进行的，它充分地体现出了中国儒家的治乡模式。这虽是一种民主的尝试，但又不难看出这个尝试是在封建宗族文化的主导下进行的。"图公所"的存在和它的职能，见证了儒家文化、宗族文化和追求民主、自治的先进文化是如何纠缠在一起治理社会的过程，以及在这种治理过程中表现出的种种矛盾和尴尬。

再说"都图议政"。"都董"和"乡董"所议的事都是对本辖区有影响的重大事件，只要这些事不涉及机密，都是先由"图董"通过"吃讲茶"的形式听取村民的意见，然后再到"都董""乡董"会议上来议决，这样就可比较充分地体现村民的意愿了。这里有一张当时"乡董"议河工的契约为证，在万绥郑塔里村还存有一块"议图"碑记，亦可为证据。

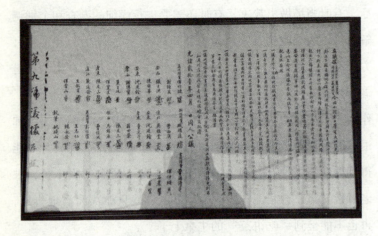

通江乡乡董议河工契约

"乡董"是乡村的最高行政长官，一般来说是由县政府任命的，但在任命前要广泛地听取意见，一般都是挑选在村民中口碑非常好的士绅，"乡董""都董""图董"都是不发工资的，属于公益性的职位，政府最多补一点车马费。

都图议政是旧时中国乡村自治的一种探索，这种探索虽有很复杂的理论基础和政治动因，但对推动社会发展是起了一定作用的。

孟河自明朝开始实行都图制，但据传"吃讲茶"始于宋朝，那就说明孟河这个地区一直在进行着乡村民主、自治的探索，这一点是可圈可点的。

　　孟河图公所机制的存在，反映了明清时代农村的治政模式，孟河也就成为古代农村探求实现民主、自治的一种带有进步意义的模板。这也就是"都图制"下"吃讲茶"和"都图议政"的意义。

14 经济转型

　　一个地区的经济转型，总体来说，是遵从整个国家的社会经济转型规律的，但受到这个地区的地形地势、交通运输、文化底蕴以及一些特殊人物、特殊事件的影响，它的这种符合整体规律转型的时间有可能提前也有可能推后，更有可能产生某些特异性。因此，我们在叙说孟河经济转型的这一节中，不仅要把孟河放在中国社会经济大环境中来考察，还应看到孟河所遇到的某些特殊机遇，从而使它的转型提前了、加快了、质量提高了。正因为孟河所遇到的这许多"良性"的机遇，所以孟河的每次经济转型既好又早，使孟河的经济保持着良性发展。

　　从古代至20世纪40年代末，孟河的经济发展可分为六个阶段：第一阶段是原始的"刀耕火种"阶段，第二阶段是孟河特有的"凫庄"阶段，第三阶段是具有圩田文化特色的以农耕为主的小农经济阶段，第四阶段是农业、手工业、商业等多元经济相结合的阶段，已带有初级小城镇色彩，第五阶段是具有市场经济雏形的农业、商业、副业相结合的阶段，第六阶段是农业、商业、副业、手工业和简单机械相结合的原始工业化、开始进行城镇化探索的阶段。这几个阶段的发展基本上是顺利的，但此后，从清末民初开始探索的小城镇化一直没有能够实现。

孟河经济转型的中止，甚至倒退，是社会上种种因素综合作用的结果。这原因是复杂的，产生的效应是多样的，有的甚至是相互抵触的，研究这些原因和效应对当今发展的意义是很大的。

以下对这六个阶段和五次转型中的有关人物或事件进行一些梳理和探讨。

第一阶段是原始的"刀耕火种"阶段（前 3000 年～前 1200 年）

5000 年前孟河地区海平面升高，使周边地区的原始人群向孟河的东、西两山及周边的高地集中，他们只能依靠狩猎、捕鱼和小面积的耕作而生存，这一阶段延续到 4000 年前。那时海平面下降到现在的水平，高处的古人类走下山头，开始选择已浮出水面的土地进行耕作，过上了半农耕的生活。这时北方传来的农耕文明，使孟河人走出了刀耕火种的原始人的生活模式。

第二阶段是孟河特有的"凫庄"阶段（前 1200 年～前 262 年）

海平面下降后，北方的太伯、仲雍南下，他们虽为江东地区带来了先进的耕作方式、生活模式，但由于那时的孟河处于长江出海的喇叭口位置上，海潮又常来袭击，孟河人还生活在被"水"侵害的环境中。他们只能把自己的房屋建成"吊脚楼"的形式，潮水来了，也不影响居住，那一座座的茅草屋像漂浮在水面上的鸟，孟河就成了一个浮在水面上的村庄，故那时的孟河被大家称为"凫庄"。

在这一阶段中，孟河人的生活虽然仍是艰苦的，但文明程度逐步提高了，这要感谢太伯和仲雍，他们使孟河人有了一种全新的生活模式。

第三阶段是以圩田为特色的小农经济阶段（前 262 年~1554 年）

第三阶段是由于一个杰出人物的到来而开始的，他叫黄歇，他倡导了以"圩田"文化为核心的农耕文化，从此使孟河人结束了"凫庄"生活，开始了延续 1500 多年的"日出而作，日落而归"的典型的农耕生活。

这第三阶段也很漫长，虽朝代更替，战争屡起，但孟河人依然"日出而作，日落而归"。虽此地也有几次显赫、几度辉煌，但从经济模式角度来分析，孟河似乎和别处一样，但若你透过经济模式看到孟河人的精神内涵，孟河这 1500 年来还是发生了深刻变化的。这种变化是体现在文化上，孟河的文化人越来越多，孟河人旧有的生活理念不断受到冲击，这种冲击所引起的变化积累到一定程度时，它就会促使经济模式发生新一轮变化。

在圩田的耕作模式下，孟河这块很少有自然灾害的土地上的士民们的基本生活有了保障，商业也开始出现了，"河庄口"的街道初步形成了，再加上它险要的地形，它成为商埠和军港，但这是因自然的特异而形成的，这种自然的发展往往是无序的、缓慢的。就在这时，又有一个特殊的事件发生了，倭寇内侵，他们对士民进行侵扰，等到这种入侵引起政治不稳定时，朝廷开始重视了，于是又为孟河的发展创造了一个机会。

第四阶段是农业、商业、手工业等多元经济共存且带有初级小城镇经济色彩的阶段（1554 年～1870 年）

第三阶段向第四阶段的转型早在刘秀疏浚孟河后就开始了，但直到明朝嘉靖年间孟河城建成后才完成，城墙建好、街道系统化后，孟河开始向小城镇雏形迈进。这时，城内形成了 600 米长的街区，城北的街区长达 562 米，一个小城镇的规模具备了，小城镇的特征也出现了，孟河出现了那种以商为主、以农为辅的经济模式。这短短的商业街道上，挤满了五花八门的各种商店，陈列着各种商品，还有了各种服务行业，在不知不觉中市场机制诞生了。然而，不得不看到，这还不是真正的市场经济，它仅是单向的市场经济，是卖方（或买方）的市场经济。从明嘉靖年间建城、建镇，孟河热闹了一阵后，它的发展很快就停止了。为什么？因为孟河周边还是自给自足的小农经济，这些自耕农过着自给自足的生活，使孟河的商业的水准只能停留在那个水平上，得不到发展。这是因为商业的繁荣发展是由购买力所决定的，购买力又是由经济收入和思维模式所决定的：这两三百年间，孟河镇区周边的人过着那种自给自足的生活，他们似乎再也不想突破了，孟河的经济发展又停滞了。这时又该有一种力量来冲击了，这应该是一种什么力量呢？应该是促使那些自给自足的农民把他们的主产品粮食和其他副业产品投入市场的力量。当他们进入市场后，当他们知道了如何通过他们的努力、通过市场使他们的利益最大化的时候，他们就有了一种冲动，就有了一种力量。在这种冲动中，在这种力量推动下，再加上孟河固有的深厚的文化底蕴，就一定有新的经济模式出现，社会经济也就可再向前发生一次飞跃。

第五阶段是多元经济并存、市场经济初显的阶段（1870年~1900年）

第四阶段是漫长的，完成对小农经济的突破是很艰巨的，但这个机会终于来了，这个机会不是什么大人物带来的，而是一个普通的商人带来的。一个外地的粮商在孟城北街的广场上设"行"收粮，而且粮价高于当地的碾米厂很多。广大的老百姓涌来了，把自己剩余的粮食卖掉了，价格高了，收入增加了，他们非常高兴。高兴之余，他们首次想到一个问题，弄清了一个道理——原来他们手中的粮食就是一个最大的筹码，就是他们的发财之道，他们首次学会了"待价而沽"。"待价而沽"，就这简单的四个字就代表了"市场"，代表了"商业文化"，孟河人的商业意识进一步增强了。

普通的农民是这样想的，但一个有文化人却产生了另外一个念头。这个人姓曹，那个收粮的外地商人就在他家门口设行，吃、住都在他家中，他热情招待，酒肉相待，吃酒吃到鼻子发热，两人成了朋友。他从外地商人那时学来了生意经，并且两人签订了合约，每年他为外地商人收粮，外地商人把粮运出去。于是，孟城北街广场上第一家粮行开张了，接着其他的"行"也开张了，"行场"经济由此产生。这是一种买方、卖方都有自主权的新的经济模式，这种模式首次使农民感到他们也是主人。他们在经济上再也不是被盘剥的对象，农民生产的积极性立即提高，他们不仅种粮，还根据市场的需要种其他经济作物，特别是种植了药材。他们终于通过市场掌握了自己的命运。孟河经济模式的第四次转型在农民欢天喜地的时刻悄悄地来临。

市场的出现促使经济又有了新一轮的发展，农村的各项种植业、养殖业、家庭副业的产品都可拿到行场上来交易了，农民尝到市场的甜头，他们有了主人翁的感觉后，再也不过那种"日间田头，夜里床头"的生活。他们中的精英人物也开始逐步地从农村走了出来，洗去了脚上的泥巴，穿上长袍马褂，到孟河镇上来开店、开行、开作坊，就这样使孟河经济模式发生了一次根本性的改变，即从完全的农耕模式成为农、工、商、贸多种经济元素相结合的模式，这种模式，使孟河的经济又呈现了新的辉煌。

第六阶段是原始机械工业出现后的多元经济并存的时代（1900 年至 20 世纪 40 年代末）

第五次经济的转型来得很迅猛，当孟城北街曹家油坊的蒸汽机冒出了白烟、榨油机飞快地运转的时刻，孟河进入了农业、工业、商业相互结合的以机械化工业生产为标志的小城镇化的经济模式。

在日寇入侵前，孟河的经济发展已具有相当规模，由于当时无具体的统计数据，我们只能举出几个粗略的事例来说明。从南门到北门外的渡军河畔，在城里、城外长达 1300 米的街道两旁，布满了各式各样的店铺、各种各样的"行"以及各种各样的"作坊"；在经营中，他们开始使用银票，许多商店或行（坊）还发行股票（孟河蚕行等），发行钱币（孟河郭益泰、何义昌商店），更多的店与行、厂实行了股份制。就在这个阶段，孟河生产的"孟河绸"获得了巴拿马博览会金奖，随之有许多丝绸产品销到了欧美。这一切说明孟河的经济在当时已达到了很先进的水平。社会事业也随之蒸蒸日上，全镇有宫观寺院 64 座、祠堂 48 个，有了常州地区首条和外地相通的公车，有了客运班车，有了轮船码头，有了邮电支局，全国各地的信件通过上海可达孟河。这一切说明孟河已初步达到了城镇化的水平。

孟河经济的五次转型和六种经济模式，除"凫庄经济"是孟河特色外，其余的都是整个中国农村经济发展的缩影。我们可把孟河经济转型的过程，看作中国农村经济发展的模板，从这块模板中可认识中国农村经济发展的过程，可分析经济转型的动力，可摸到社会发展的脉搏，可看到促进经济发展最本质的力量所在，由此也显示出孟河在中国农村小城镇经济发展史上的地位和在中华历史发展过程中的典型意义。

15　万绥镇农民暴动

《武进县志》大事记中，记录了孟河万绥农民起义的情况。

（1932 年）10 月底，万绥镇一带农民举行"迎神赛会"，十九区区长谢应征派警弹压。11 月 2 日晚，锣声大作，区公所被农民捣毁，器具卷宗悉数焚毁。

《万绥乡志》以《万绥镇农民暴动》为题，对此次事件进行了比较详细的记录，摘录如下。

> 农历十月初六，是万绥东岳庙历年举行的庙会节。1932 年十月初，十九区区长谢应征以地方社会秩序不宁为借口，禁止迎神赛会，引起了本地农民群众的不满，镇上连续发现"打倒区公所"等标语。谢见形势不妙，马上呈请县政府派警队。十月初五，万绥镇周围各村人身带香、烛等物，前往东岳庙赛会（预赛）。谢应征带着警队一个排和派出所的十来个人，还是横加干涉，到下午五时许，大批农民身带火油、干柴和现成的香、烛，鸣锣为号，打进设在东岳庙内的区公所，投砖抛石，将区公所捣毁，并把所有的器具、卷宗等焚毁净尽，反动警队没敢阻遏潮水般涌来的群众。区公所职员四散奔逃，区长谢应征慌忙拾印信从楼窗跳往南寺屋顶逃走，连夜赶县城报告。国民党县政府即令公安局尤振箕带警队前来查勘。初七日，警队一个团到万绥镇。当时缉拿了卜福生、郑桂生、巢汝根等人，并对他们进行严刑拷打。后经多方设法才能保出。十九区区公所也就迁址石桥。

事件的过程就是如此，这次农民暴动是因东岳庙的"迎神赛会"被禁而引起的，但对这件事的背景还需做一些补充。

东岳庙是供奉东岳大帝的一所道教宫观，它始建于齐梁，定型于唐贞观五年（631）。东岳庙在全国各地都有分布，但曾被命名为"万岁东岳行宫"的万绥东岳庙在万绥人的心目中是神圣的，万绥人因此而骄傲。万绥这块地方一直风调雨顺，老百姓把功劳归于东岳大帝。为了感谢东岳大帝，为了使东岳大帝一直保佑这里风调雨顺，万绥人每年都要为东岳大帝举行庙会，有时为了更隆重一点就要举行"迎神赛会"。由此可知，东岳庙、东岳大帝、东岳庙迎神赛会在万绥当地民间的地位是何等重要。1932 年万绥农业大丰收，人们自然要大加庆贺，就是在这个节骨眼上，十九区区政府要来禁止这个表达万绥地区人们宗教信仰、感激之情的迎神赛会，万绥的老百姓怎能不反对呢？

十九区区政府为什么要下令禁止举行这种农民自发的、表达自己感情且又不带政治色彩的传统"准"宗教活动呢？这在所有的史书中都未留下记录。我们只能从政治大环境和孟河地区的小环境来进行一点分析。20 世纪 30 年代，中国的政治形势很不稳定，国、共两党的斗争，中日的矛盾，民众要求抗日的热潮和各地工人、农民的抗议活动，把国民政府弄得焦头烂额，国民党政府为了巩固统治，只能一步一步地加强对农村地区的控制。中国农村在很长的一段时间内是实行"都图制"的，"国权不下县，县下靠自治"，但后来国民政府废除了"都图制"，实行了"闾邻制"，但"闾邻制"对巩固权力的作用不大，到1934 年（即此次"造反"事件后两年），终于找到并实施了对广大民众控制最严密的管理制度——"保甲制"。从"都图制"改为"保甲制"，从表面看是一种管理制度的改革，但在本质上是政府要夺取广大农村的"自治权"，要把对农村管理的大权从那些士绅、族长、僧道的手中夺走，让"党国"去管理。由此可知，十九区区政府禁这次庙会对国民政府来说意义是非常大的，一是夺取"神权"，二是防止"聚众闹事"，这才是根本目的。

再看孟河的小局。武进县原分为十个区，现为了加强管理分为十九个区，万绥原来属十区，现在属十九区。当时十九区区长谢应征刚刚上任，上级还交给他负责探索农村管理制度改革的任务。在这种情况下，别说他有什么政治理念，就是为了保官，他也不愿意让老百姓搞这个长达七天的大规模的庙会。还有一个具体的情况，那就是孟河地区已有了共产党的地下组织，西山已有了共产党领导的游击队，这样孟河就成为国、共两党斗争的前哨阵地，这一点也应是谢应征禁庙会的一个原因。

庙会被禁，农民举行暴动，砸了区公所，这是孟河地区国民政府机关首次被砸。不少参加暴动的农民后来参加了西山游击队，参加了革命，所以可以把这次农民造反看成孟河地区一轮革命高潮兴起的前奏曲，同时也表现了国民政府的不得人心。

16 抗日民团

《孟城乡志》中关于孟河组织"孟河青年抗日服务团"有如下记录：

> 1937 年秋，孟河成立"青年抗日服务团"。

《常州武进地区革命斗争史》中也记录下了这段史实：

陈桂生，爱国青年，抗战爆发后，在家乡孟城组建青年抗日自卫团，从事抗战救亡宣传。后该团（实际上是一部分人）加入管文蔚领导的"丹阳抗日自卫总团"，活跃在孟河一带开展游击活动。

"孟河青年抗日服务团"成立于1937年，是在日寇挑起卢沟桥事件后的7月9日成立的。它的发起人是当时孟河小学的年轻教师巢正、陈桂生及学生丁兆甲等人，起初阶段的参加者是孟河小学的学生和年轻教师，后来有大批的青年店员、居民、士兵、绅士参与。这个组织的具体人数当时无人统计，据当事者回忆，7月9日报名的学生有七八十人，后来人数逐步增加，到淞沪战役惨败后，已发展到了上千人，真的到了"地不分南北，人不分老幼"的地步。具体人数不明，是这种民间公益组织的特性，"民间"和"松散"，再加上无私利的"公益"，在某种程度上，也就使它的具体人数显得不太重要了。

"孟河青年抗日服务团"所做的具体工作很多，凡是涉及"抗日"的事，他们都做，而且做得很认真，并且都做出了成绩。他们宣传抗日，抵制日货，组织军事训练，募捐支前，防奸辟谣，慰问战士，救治伤员，站岗放哨，组织撤退，等等。

最值得叙说的，是在淞沪抗战后期，即1937年11月中旬后至12月9日孟河沦陷的那一个月里，他们所做的工作。那时，国民党军队虽还在上海战场艰苦作战，为全面撤退和转移争取时间，但已是力不从心，节节败退，再加上中国军队的重武器太少，没有制空权，伤亡很大，兵源的调动幅度也很大。

伤兵、败兵要撤下来，新增的兵力要补充上去，这一切都得靠运输，但由于公路上的桥梁基本上已被日军摧毁，这些军人只能步行前进，由西向东的所有公路上都挤满了国民党的军队。孟河是镇澄公路上的一个大集镇，这条公路也成为一条军事补给线，因而日日夜夜都有大批的军队经过。当时是非常时期，对来往军人的各种后勤供应、伤员救治，本来都应由"兵站"负责，但此刻只有靠"民间"。镇澄公路上所有的军人、伤员到孟河这个地区后，都要休息一下，有的还要吃顿饭，得到一点补给，那些自己走来的轻伤员、担架抬来的重伤员，还有救护车上的危重伤员，都要在这里进行包扎或输血，甚至抢救。这一切工作全部由"孟河青年抗日服务团"承担了——不，应该说全部由孟河人承担了，但组织者是"孟河青年抗日服务团"和当地的士绅（孟河人称他们为"大先生"）。

这里不是战场，但胜似战场；这里没有牺牲，但充满献身精神；这里没有发生什么轰轰烈烈的大事，但这里的人们充满抗日激情；这里也许不会进入"历史"，但却充分地表现出了孟河人崇高的精神境界。

孟河沦陷后，这些在籍的、不在籍的抗日服务团的团员们便天各一方，但其中的骨干分子大多参加了管文蔚在西山成立的抗日游击队。

"孟河青年抗日服务团"的生命是短暂的，从1937年7月9日成立，到1937年12月9日孟河沦陷时结束，前后整整155天，但这155天集中体现了孟河人那种强烈的爱国热情和无私无畏的献身精神，应该被记入史册。

17 陈毅运筹

在抗日战争时期，孟河是国、共、日、伪四方争夺的一个军事重镇。在沦陷后，这里的斗争仍然很尖锐、很复杂，特别是在陈毅受项英委派来茅山地区创建抗日武装后，孟河的对敌斗争进入了一个新阶段，此时出现了陈毅来孟河亲自做统战工作的故事。孟河地区口口相传的传说中，"陈毅补牙"就是这段历史中的具有决定意义的事件，但在史书上未查到直接记录这件事的史料，只是发现了一些相关资料。

现把《常州武进地区革命斗争史》上的相关记录摘录如下：

6月23日（指1938年）项英给陈毅的信中指出："你们目前应该以茅山、瓦屋山为根据地（包括新桥之西北山地）并在镇句之间山地及丹阳西北山地建立基地，依靠这些基点……一向南京，一向武进……挺进。"

7月（指1939年）上旬，陈毅约见管文蔚……将原3个大队扩编为4个支队，逐步开辟了以访仙桥为中心，包括镇江东乡，武进北乡（注：即以孟河为中心的那一片）……沿江地区在内的丹北游击基地。

在上述政治形势下，相传陈毅以补牙为名，来到孟河的"美丽"照相馆，通过他认识的孙老板找来孟河的维持会孙会长，对他进行了一番教育，要求他做一个"白皮红心"的维持会长，又通过内线亲自到伪军驻点去说服伪军王姓中队长，要求他保证管文蔚的西山游击队和共产党的武工队在镇澄公路孟河地段的"过路权"。陈毅还通过孙会长和王姓中队长弄清了孟河日伪军的情况，西山根据地就此组织了一系列打击伪军的行动。

18 天花庄突围战

1945 年秋，中共中央根据国、共两党签订的"双十协定"，命令新四军主力从苏南撤出，史称"新四军北撤"，简称"北撤"。从此，苏南地区没有了新四军的主力部队。后随着形势的变化，中共华东局在 1946 年 9 月 23 日，又发出了"恢复江南工作"的决定，中共苏中区常委成立了十地委，并派遣十地委的领导同志和一支武工队及一批干部挺进江南。"天花庄突围战"就发生在南渡登岸的过程中。

《常州武进地区革命斗争史》一书中留下了有关记录：

1947 年 1 月 1 日凌晨，十地委两路军党政干部和一个加强连共 180 余人……分乘 7 条小船渡江南下……到武进境内孟河以西的天花庄夜宿……（第二天）下午，驻孟河、石桥地区的国民党保安部队，在常州等地的军警增援下，近千人从四面向天花庄合围，我军沉着应战，连续打退敌军 3 次进攻，坚持 1 小时后，我军决定寻机突围。下午 4 时许，我军先行班以密集火力压制正面方向之敌，沿着通往马家村后的旱沟隐蔽前进，一举突破国民党自卫队的防线，撤离了天花庄。

《武进县志》的"大事记"中对此战役记录如下：

> 1 月 1 日，中共苏中十地委委员兼澄武锡工委书记张志强，武装干部常喜生等率武装人员 200 余人，从苏北渡口到天花庄（今属万绥乡）时，被国民党部队包围，突围时击毙敌大队长以下十六七名，俘十余人。

《万绥乡志》还对这次突围进行了详细的记录。

1946 年 9 月 23 日，苏中区党委接到华东分局的指示："为恢复江南工作，开展国民党统治地区民主运动，建立我党秘密组织及工作。"于是，十地委成立，金柯、杨斌、包厚昌、任天石、李中、张志强、陈云阁、康迪、江坚 9 人为委员，金柯为书记。十地委领导的地域范围为长江以南、京沪铁路以北的地区及铁路以南的镇句地区。这是华东分局为加强在国民党统治区内的斗争而采取的重大决策。

1946 年 11 月，十地委东路的党政干部和部分武装力量，由地委党委包厚昌率领，从海门灵甸镇港渡江南下，到达苏常太地区开展活动。

1947 年 1 月 1 日凌晨，十地委西路的党政干部和一个加强连共 180 余人，由十地委委员兼澄武锡工委书记张志强、营教导员常喜生率领，从靖江县七圩港分乘 7 条小船渡江南下，在江阴芦埠港以东登陆。孟河的革命烈士恽剑英也在这支队伍中。不料当渡船行至南岸数十米处时，被国民党驻芦埠港的交通警察巡逻队发现，他们向渡江部队开了枪。张志强、常喜生指挥部队涉水上岸，以江堤做掩护，打退了敌军。澄西武工队派汪明前往接应。南下人员分三路行动：一路于拂晓前到达郑陆桥东北金家塘宿营；一路因地形不熟，只得隐蔽在芦苇中；一路由张志强等率领，到达东双桥宿营，遭国民党江阴保安大队堵截，战斗 1 小时，张志强率部向北撤退。

天黑后，十地委南下人员会合，连夜长途行军 40 多公里，转移到武进境内孟河以西的天花庄宿营。

部队进村后，除派隐蔽的哨兵封锁进出道路外，其他人员全部休息，以消除连续两天两夜行军作战的疲劳。就在这关键时刻，第二天早晨，国民党郑里乡一个自卫队员到天花庄来收"猪捐"，发现了驻扎在村内的共产党部队后，就立即溜走了。张志强得知此消息后，当即召集各县领导和部队连级以上干部，研究、分析后得出结论：敌人虽发现了南下人员，但目前他们只会利用地方自卫队袭扰、监视我方，待他们弄清情况、调集好军队后，才会大规模地进行"围剿"，"围剿"的时间最快也要到下午，这样我们就有了比较充分的备战时间。在此正确的战略思想指导下，大家分析了敌人的主攻方向后，立即建造了一些简易工事，战士轮流休息，部队提前开饭，随时准备反击敌人，天花庄进入紧张而有序的备战中。

驻扎在距天花庄西二里许的国民党万绥乡自卫队，上午 9

时左右，开始向天花庄零星开枪射击，袭击武工队，进行火力试探，但不敢向天花庄进攻。渡江部队以高度的警惕，严密地监视着对方，对其试探不予理睬。下午1时许，武工队的隐蔽哨位发现，正东方向一辆接一辆的军用卡车满载着国民党士兵，从常州方向沿镇澄公路向石桥、孟河方向推进。根据种种迹象，张志强推断，国民党军一定是从石桥、孟河、万绥三个方向以合围方式来犯，其他方向也许只是配合或拦截。他知道一场恶战即将开始，立即命令：朱和官带领两个班对付东北石桥方向的来敌；陈荣贵、茅志清带领二个班对付正北方向的敌人；孙春度带领一个班对付正西方向来犯之敌；以一个班作为预备队，次要方向派出少数警卫人员监视，并立即进入阵地待战。军事指挥所就设在吴腊腊的家里。赵文豹、王鹏、施光前等各县领导带领干部队伍，做好天花庄群众的安抚工作，使他们镇定如常，积极配合部队进行战备活动。

下午2时半左右，孟河、石桥等地的敌人倾巢来犯。2时15分左右，当石桥方向的敌人200余人前进到距天花庄东北一里许的独家村东草屋时，突然遭到一阵密集的美式汤姆机枪、卡宾枪和手榴弹的猛烈阻击，敌人被这突然袭击打得晕头转向，慌忙掉头后逃。张志强也感到奇怪，与敌人交火的这股兵力，是从哪里来的呢？后来他才知道，原来是地委警卫班在渡江登陆后于当日拂晓才到达这里，还没有和大队会合，就投入了战斗。警卫班在击退敌人后即向天花庄方向转移，当后撤的敌人清醒过来看到我军只有十几个战士时，又回头追击，这时，警卫班全体同志在班长丁文龙的率领下，已撤到天花庄与大队会合，投入了新的战斗之中。这真是巧合。

战斗持续了近一个小时，常州的交通警察、荫沙口的江防部队、丹阳访仙桥的交通警察和附近各乡的自卫队 800 余人，赶来援战，陆续开到阵地前沿。国民党军队又组织了一次进攻，但由于上述部队不是正规部队，都被打败了，从战斗中，张志强和常喜生发现敌方还未建立统一指挥，于是立即组织突围，按照预先制订的计划，向丹北山区前进。常喜生当即命令连长孙春度带一个班先行突围，陈荣贵、朱和官带领四个班殿后，掩护地方干部，随着先行班转移。副连长茅志清率一个班殿后，负责阻击追击的敌人，保证全部人员安全转移。

突围成功后，下午 5 时许，当部队转移过九曲河土桥时，原来埋伏在此、妄图堵击武工队进山的百余名访仙桥交通警察，被我方一阵猛烈射击后，很快放弃了抵抗，四散逃跑。十地委南下的部分干部和警卫武装胜利地完成了渡江到达丹北山区的任务，与原地坚持的地委委员陈云阁等胜利会师，为江南人民在解放斗争的历史上增添了新的光辉的一页。

南下部队突围后，天花庄的战斗仍在进行着，被打得狼狈不堪的国民党军队，在我方部队突围半小时后，还认为武工队仍在天花庄内。他们再次组织了进攻，但是当他们壮着胆子进入村庄，发现没有武工队，就以搜查新四军为名，行抢劫群众财物之实，但遭到了一位留下来的伤员——陶士林的伏击。陶士林打死、打伤十余名敌人后，被敌人放火烧死，到天黑，国民党的军队才撤出天花庄。

天花庄战斗以武工队的胜利突围而结束。

　　天花庄突围的胜利意味着共产党武装力量回到了苏南，为在苏南地区恢复共产党政权和开展党的建设提供了可能，也为日后解放军的渡江作战打下了基础。

　　20世纪后期，武进县人民政府在天花庄突围战指挥部门前立碑纪念。

天花庄突围战烈士纪念碑

四　历史名人

孟河历史悠久，文化底蕴深厚，名人辈出。人创造历史，历史又造就了人，孟河地区自古到今涌现出许多历史名人。

1 帝王将相

古代帝王

萧道成（427～482）　字绍伯，江苏南兰陵（今江苏常州）人，南朝齐的创始人，谥号高帝，庙号太祖，陵寝在泰安陵（今江苏江阴北）。

萧道成是南兰陵萧氏一世祖萧整的第五代孙。

齐高帝在位时，提倡寒士参政，抑制门阀势力，倡导清平政治，整肃吏治，严惩贪腐。他还大力扶持农业经济，奖励农耕，降低赋税，减少徭役。

萧道成个人生活非常节俭，不准官吏带金佩玉入朝，在后宫厉行节约，撤去了宫中所有镶嵌了金银珠宝的器皿。他提出

"十年使黄金与土同价"，可惜因病早逝，执政时间不长（479～482）。

他死后，与其皇后同葬于泰安陵。

萧衍（464～549） 字叔达，江苏南兰陵（今江苏常州）人，南朝梁的创建人，享年86岁，执政48年，谥号武帝，庙号高祖，陵寝在修陵（丹阳陵口）。

梁武帝萧衍

萧衍是南兰陵萧氏家族一世祖萧整的第六代孙，是齐高帝萧道成的堂侄。

萧衍是一位政治家，他在齐末残酷的暴政、血腥的杀戮中，依靠"克制""忍耐""韬光养晦"，不仅避过了迫害，还积蓄了力量，最终推倒了齐政权。

萧衍是一位军事家，在他一生的军事生涯中，在无数次战争中，他巧妙地利用对方的弱点，采用分割包围、围而不打、内部分化等办法，尽可能地减少伤亡而又能赢得胜利。

萧衍还是一位思想家，他精通儒、道、释学说，为它们的改革和共融做出了贡献。

萧衍还是一位诗人，是一位文学家，他为后人留下了大量的作品，流传至今的诗歌有105首，那最感人的"莫愁歌"，现在读来还朗朗上口，深情感人。

萧衍还是一位虔诚的佛教徒，他曾四次舍身于同泰寺，主持几万人以上的法事十余次，建造佛寺无数，塑造佛像上千。

萧衍的贡献主要有以下几个方面：一是在一定时期内维持了南方的统一，促进了南方经济的繁荣，保持了社会的稳定；二是他倡导和参与创建了齐梁文化；三是他和陶弘景合作，推进了"三教圆融"。

唐朝十相

在唐朝的 300 年时间里，萧氏家族就有十位族人分别在唐朝的 21 位皇帝中的 11 位手下为相，其中有三位还在两代皇帝朝中为相。从《新唐书·宰相世系表》中可发现，兰陵萧氏在唐朝的这十相，有八相是梁武帝萧衍之后代，更确切地说都是萧统之后代。萧统早死，未能继承皇位，萧统之子萧詧，占据襄阳，建立后梁，为宣帝，萧统之孙萧岿即位，为明帝。在杨坚入长安后，后梁灭，但萧岿得到隋文帝杨坚信任，晋王杨广纳萧岿的女儿萧芩芩为妃。后杨广称帝后，封萧氏为皇后，兰陵萧氏又成为外戚，不仅使齐梁萧氏仍保有了一份殊荣，还使萧统的后人仍在隋做官。在唐朝，又有萧慧文、萧温、萧文静等 5 位南兰陵的萧家女儿被册封为皇后，萧绰被册封为皇太后。欧阳修、宋祁赞叹道："……名德相望，与唐盛衰。世家之盛，古未有也。"

这在中国历史上是绝无仅有的，但从孟河这块土地上走出去的南兰陵萧氏族人就做到了。十位族人先后为相，这是南兰陵萧氏家族的骄傲，也是孟河地区的骄傲，或许是孟河浓厚的文化氛围陶冶了萧家人。

下面以其任相的时间为序来一一简介。

萧瑀（575~648） 字时文，祖籍南兰陵，从小以讲孝道闻名天下，为人刚正不阿，光明磊落，精通佛法，官至宰相。萧瑀出生于后梁帝王之家，高祖父是南朝梁武帝萧衍，曾祖父是昭明太子萧统，祖父名詧，是后梁宣帝，父亲名岿，是后梁明帝。萧瑀9岁那年，被封为新安郡王，姐姐是隋朝晋王杨广之妃，他跟随其姐进入长安。隋炀帝跟萧瑀共同生活多年，他看着萧瑀成长，与萧瑀感情很深，关系很好，萧瑀长大成人后更显英俊，一表人才，学问一流，隋炀帝任命他为内史侍郎。萧瑀秉性耿直刚烈，对隋炀帝的骄奢无道屡次劝谏，炀帝对此大为恼火。

萧瑀的妻子是独孤皇后的娘家侄女。李渊是独孤皇后的亲外甥，李渊与萧瑀之妻是姑舅表兄妹。当年李渊与萧瑀同在隋朝做官时交情也很好。李渊称帝后，立刻授萧瑀为光禄大夫，封宋国公，玄武门之变后，李渊退位当了太上皇，李世民即位，年号"贞观"。李渊在位时的宰相，只有萧瑀一人一直留用到贞观二十年（646）。萧瑀任相期间曾五起五落，五次拜相，五次被罢相，甚至被削去爵位，遭贬出京。

萧至忠（?~713） 萧德言曾孙，祖籍南兰陵，后徙居沂州（山东枣庄）。少为畿尉，以清谨称。神龙初年，自吏部员外擢御史中丞，迁吏部侍郎。景龙元年（707），迁中书侍郎，兼中书令。

萧至忠"容止闲敏"，身为御史方直严明，纠摘不法，清俭克己，被时人推誉为名臣。他后因依附太平公主而被诛。

萧至忠是唐中宗、睿宗、玄宗时期的著名大臣，他善于决断，誉闻当时。

萧嵩（668～749） 祖籍南兰陵，唐朝著名的丞相、军事家，于唐玄宗开元十六年（728）拜相，为萧氏在唐朝拜相第三人。他是南朝梁明帝萧岿玄孙、唐相萧瑀曾侄孙。开元十七年（729），他被晋封为徐国公。开元二十四年（736），加拜太子太师。

萧嵩当宰相后，推荐韩休也当了宰相，后来韩休与萧嵩产生了矛盾，萧嵩因此而辞官。皇帝再三挽留后，他照旧任相。

萧华（699～769） 祖籍南兰陵，萧氏唐朝拜相第四人，唐相萧嵩之子。萧华曾为工部侍郎，其弟萧衡因娶玄宗之女新昌公主，以帝婿的身份任三品官。萧华在"安史之乱"中陷于叛军之手，任伪魏州刺史。758年，郭子仪与九节度之师渡河攻安庆绪于相州。萧华暗中与官军通信，希望成为官军内应。叛军知道后，禁锢萧华于狱中。

唐肃宗上元二年（761），萧华拜相。他后来得罪了权臣李辅国，被罢为礼部侍郎，后贬到峡州当司马，不久病逝。

萧复（732～788） 字履初，祖籍南兰陵，其父为驸马萧衡，母为新昌公主，为唐玄宗李隆基的外孙、宰相萧嵩之孙，著名唐朝丞相。他于唐德宗建中四年（783）拜相，为萧氏在唐朝拜相第五人。萧复出身名门，伯父萧华常夸赞"此子当兴吾宗"。萧复以祖荫袭为黄门郎，数年后，历任歙州刺史、池州刺史和常州刺史。他勤于政事，正直廉洁，其政绩在当朝群臣中名列第一。

萧复虽然生为皇亲国戚，家世显贵，却不以此为重，常穿旧衣，也很少与那些纨绔子弟交往，在府中独居一室，苦学不倦，只与文人名士交往。

萧复曾因不畏强权而多次被罢官，但又因认真负责，被朝廷多次复用，大历十三年（778），朝廷考察所有的刺史，当时任常州刺史的萧复位列第一。

萧复的祖籍地在常州孟河，后来又回常州任刺史，这也是一种巧合。

萧俛（784~850） 祖籍南兰陵，贞元七年（791）举进士。登贤良方正制科，拜右拾遗。元和六年（811），应召为翰林学士，累迁御史中丞。穆宗即位后，他为令狐楚推荐，拜中书侍郎、同平章事。他与段文昌献"销兵"之议，致河朔再叛。长庆元年（821）十月，他改任兵部尚书，长庆二年（822），任同州（今陕西大荔）刺史。宝历二年（826），他以太子少保分司东都（今河南洛阳）。文宗即位后，以太子少师致仕，隐居济源（今河南）。

萧俛在唐宪宗和唐穆宗两朝任宰相，可见他能力之强、文才之高。

萧邺（? ~?） 祖籍南兰陵，是唐朝著名丞相。他出身于进士，后累迁监察御史、翰林学士、衡州刺史。唐宣宗大中年间，萧邺被召回朝，复为翰林学士，拜中书舍人，迁户部侍郎。唐大中十一年（857）农历七月，任工部尚书、同中书门下平章事。唐大中十三年（859）农历八月，唐宣宗服长生药而死，唐懿宗李漼即位。是年农历十一月，萧邺罢相，出任荆南节度使，后加检校尚书左仆射，出任剑南西川节度使。时南诏入侵，萧邺无力制寇，被降职为检校右仆射、山南西道观察使，后任户部尚书、吏部尚书、拜右仆射，以平章事节度河东。

萧置（799～869） 字茂框，祖籍南兰陵，生于颍州汝阳（安徽阜阳），唐懿宗时任兵部尚书、兵部侍郎、中书侍郎等职，祖父萧复、儿子萧遘都为唐相，著《萧茂框集》。

萧仿（794～874） 祖籍南兰陵，唐懿宗时宰相。大和年间考取进士第，任谏议大夫、给事中。大中十四年（860），宣宗任禁军将领李燧为岭南节度使，已派出宦官到李燧官府宣诏，萧仿得知后，利用给事中职权封还了宣宗的诏书，以示反对。宣宗尊重萧仿的意见，派一"优工"（艺人）去召回了诏书，另派李承勋任岭南节度使，平定了叛变。萧仿因这事遭到了弹劾，面对受罚，翰林侍讲学士孔穗裕为他辩解，认为他的行为应该受到奖励而不是惩罚，宣宗最后也同意了。由此事，可知萧仿敢于坚持己见，不怕得罪皇帝。

萧遘（？～887） 字得圣，祖籍南兰陵，唐德宗时宰相萧复的曾孙。少负大节，以王佐自许，咸通五年（864）状元。乾符年间，拜同中书门下平章事。光启二年（886）初，节度使朱玫主张另立新君，萧遘反对，拒绝草拟文告。田令孜挟僖宗仓皇出奔宝鸡，萧遘未及跟随。光启三年（887），朱玫被杀，宰相孔纬诬陷萧遘拒绝前往宝鸡见僖宗，萧遘被赐死于永乐，时人哀之。萧遘有七子，次子萧祯为避祸隐居在徽州（今安徽歙县），指江为姓，改姓江。

宋相

潘美（925～991） 字仲询，喜读书，善文墨，青年时期就胸怀壮志。《宋史》载，他认为"大丈夫不以此时立功名，取高贵，碌碌与万物共尽，可羞也"。960年，宋太祖赵匡胤乘后周柴世宗英年早逝、周恭帝年幼无能，发动陈桥兵变，建立大宋王朝。潘美辅助太祖，说服群雄，克敌除祸，勇冠三军。他被封代国公，进封韩国公，加封柱国太师，皇帝赏赐麒麟、铁券。宋咸平二年（999），潘美病逝后八年，宋真宗赵恒追封潘美为郑王，配飨庙廷，以历代配飨功臣从祀于历代帝王庙。现在山西雁门关仍有祭祀"郑王潘美之位"的塑像及庙堂。今居住在孟河及周边地区的潘氏族人是潘美的嫡系后人。

2 文人逸士

萧统（501～531）　字德施，祖籍南兰陵，他是南朝梁武帝萧衍的长子，两岁时册封为太子，然未及即位即逝。

萧统聪明好学，幼年读书时能称得上"过目不忘"，他8岁时就上讲台对众臣讲《孝经》。

萧统领导东宫学士把当时能收集到的文学作品甄选后，编纂了一部《文选》，为后人保存了许多优秀作品，这是他一生最大的功绩。

萧统一生也写了许多文

昭明太子萧统

章，留给后世的仅有一本《昭明太子文集》。

在编撰《文选》时，他们还研究了各种文章分类的标准（即文体）和编选的原则，从而在文学上开创了"体裁学"与"选学"。

萧统是齐梁文化创建过程中的一位领导者和力行者，他的许多文学思想至今还很有价值。

萧子显（489～537） 字景阳，南兰陵人，南朝史学家、文学家，历任太子中舍人、国子祭酒、侍中、吏部尚书等职，后迁吴兴太守。他博学能文，好饮酒，爱山水，不畏鬼神，恃才傲物，见九流宾客，从不与之交言，只是举起手中的扇子一挥而已，谥曰"骄"。

萧子显撰有《后汉书》《晋史草》《南齐书》《普通北伐记》《贵俭传》等历史著作，但除《南齐书》外，都已失传。

萧子显是萧氏家族南兰陵一世祖萧整的第七代孙，是齐高帝萧道成之孙。

萧子显对历史的最大贡献是记叙了当代历史，撰成《南齐书》，此书被列为"二十四史"之一。这是被推翻的皇朝的后人，在胜利者的眼皮子底下写的前朝的历史，实属难能可贵。

萧子良（450～494） 字云英，南兰陵人。早年任刘宋邵陵王刘友的左行军参军、主簿，后任安南长史，南齐建元元年（479）任令稽太守，次年改任丹阳尹。齐武帝即位后，被封为竟陵郡王、南徐州刺史，后改任南兖州刺史，后兼任司徒，转任护军将军，镇守西州。他后又官拜中书令，后病故，被追赠为太宰、中书监等。

萧子良是南兰陵萧氏一世祖萧整的第七代孙，是齐高帝萧道成的孙子、齐武帝萧赜的儿子。

萧子良任司徒时，身边集结了一大批文人学士，形成了一个文学社团，史称"竟陵八友"，萧衍也在其中。萧子良是"竟陵八友"文学社团的组织者和领导者，对创建齐梁文化做出了卓越贡献。

萧颖士（717～768） 字茂挺，颍州汝阴（今安徽阜阳）人，祖籍南兰陵，唐朝文人、名士。萧颖士高才博学，著有《萧茂挺集》，门人共谥曰"文元先生"。他工于书法，长于古籀文体，时人论其"殷、颜、柳、陆、李、萧、邵、赵，以能全其交也"。他工古文辞，语言朴实，诗多凄清之言。

萧颖士为梁鄱阳王萧恢七世孙、梁武帝八世孙，为南兰陵萧氏一世祖萧整的十三代孙。原位于常州汤庄（孟河附近）的萧氏大宗祠，又名萧文元祠，萧文元就是萧颖士。由此可推知，常州汤庄那一带的萧氏族人可能是萧颖士后代，因目前未见家谱，只能作为推论。

萧颖士从小聪慧，四岁能作文，十岁补太学生，唐开元二十三年，考取进士，唐天宝初年补秘书正字。

萧颖士是文学家、史学家，著有《游梁新集》《萧梁史话》等。

萧颖士自恃才高，傲慢无比，常自携一壶，在外郊游。一次皇帝让他去民间收集古籍，他因未按时完成任务而辞官。

恽南田（1633～1690） 名格，字寿平，又字正叔，号南田，孟河恽氏六十二世孙，江苏省武进人。他与王时敏、王鉴、王翚、王原祁、吴历合称为清初六大家，他擅长画山水，尤以写生花卉蜚声画坛。他创造了清如碧水、洁如霜露的"没骨画法"，是常州画派的创始人。他又是一位书法家和诗人，他的书法取法褚遂良、米芾而自成一体，擅五言古诗，他本人居"毗陵六逸"之首。其诗、书、画精妙绝伦，人誉之"南田三绝"，著有《瓯香馆集》。

恽南田出身于书香门第，受到良好的家庭教育，他从小跟随父亲恽日初读书，聪颖早慧，8岁咏莲花成诗，惊其塾师。

崇祯十七年（1644）明朝灭亡，恽日初带次子恽桓、三子南田前往浙江天台山隐居。顺治三年（1646）清兵下江南，南京、杭州等地相继陷落。南田和父兄避居神州。顺治三年（1646）明藩唐王朱聿键在福建即位称号，建立隆武政权，南田和其父参加反清复明的斗争，在战斗中和父亲失散，清兵攻陷广州后南田被清军俘获。顺治五年（1648）身陷牢狱的南田被浙闽总督陈锦收为养子。

陈锦在漳州遭家丁行刺身亡后，南田流落杭州，在灵隐寺巧遇父亲，父子俩回到家乡。

恽南田回家乡后，潜心跟堂伯父恽本初学绘画，他刻苦学画，又得伯父精心传授，绘画技艺日臻精妙。

恽南田写诗1300多首，他的诗反映出明清易代之际个人颠沛流离、国破家亡的际遇，是对一个时代的真实记录。

恽南田作为常州画派的创始人，开创"没骨"花卉画法，对清初的花卉画有"起衰之功"，他被尊为"写生正派"，成为一代画坛宗匠。

从恽南田的诗画作品中，我们可以发现他深沉的故国之思、俊逸的艺术风格和高尚纯洁的人格。作为明末清初的遗民逸士，恽南田用诗画再现了特殊时代里文人们的精神世界，具有深远的影响和鲜明的时代意义。

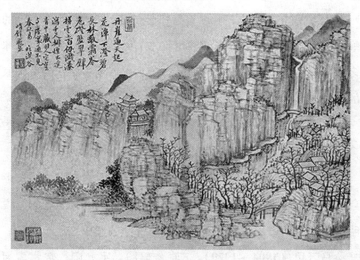

恽南田的山水画

恽冰 字清於，为恽钟隆（1706～1730）之女、恽南田族玄女，孟河恽氏七十五代孙，生卒年代不详。她是恽氏画家中传世作品最多的女画家，也是名扬一时、有很高声誉的女画家。她"工写生，芊绵蕴藉，用粉精纯。迎日光，花朵灿灼，作已，辄题小诗"。乾隆初年，总督尹继善将其画进呈孝圣太后，乾隆皇帝题诗嘉奖，恽冰声誉大起。

恽冰的画作得到了乾隆皇帝的题诗夸奖，在当时非常轰动，这既说明她绘画水平确实很高（乾隆皇帝本身就是鉴赏家），又显示恽南田的画风为乾隆皇帝赏识。

恽冰的花卉作品都是较工整的没骨工笔画，笔致秀韵，绚色傅粉。从她的传世作品来看，她既多小卷、册页，也多大件、中堂。在画法上她以师恽南田的没骨工笔为主，她还善于用粉，"独擅"此技。

上海博物馆藏有恽冰的《花卉册》，有明显的师恽南田的痕迹，但比恽南田画得更细，相比之下恽南田多用水，而恽冰多用粉。她着力表现花朵的细腻秀美，也展现了她作为女画家的特殊气质。

其传世的大件作品中，很多是以牡丹为题材，且以绢本为多。她有许多画作藏于北京故宫博物院和上海博物馆。

常州博物馆珍藏的恽冰的《簪花图》，用笔细腻，仕女形象生动。恽冰画上的题款，少有那种文人式的题词、题句，说明南田的诗、书、画相结合的形式在恽冰的画中已逐步消失。

马万里（1904～1979）　原名瑞图，字允甫，常州孟河人，孟河医派马氏医家的后人，但他不从岐黄之业而治丹青，成为杰出的书画篆刻艺术家、美术教育家，徐悲鸿曾称赞他"卓尔不群"，张大千谓之"不犹人"。他在诗词、绘画、书法、篆刻等方面都有十分突出的艺术造诣，尤以花鸟画见长。他的国画作品《水墨葡萄》曾作为国礼赠予美国第32任总统罗斯福。

马万里是孟河医派名医马培之的堂孙，中国历史上最后一位格格金默玉是他的第三任妻子，他俩之间有一段曲折而凄美的爱情故事。

恽敬（1757～1817）　　字子居，孟河恽氏第六十五代孙，孟河镇石桥恽家村人。他自幼博览群书，喜于独立思考，8 岁能写诗。恽敬出身于书香门第、官宦世家。父恽轮曾任浙江富阳县知县，诰封荣禄大夫。母亲郑氏是孟河镇尧头村秀才郑梦旸次女，诰封一品夫人。恽敬在乾隆癸卯（1783）科中举，曾任咸安宫宫学教习。他历任浙江富阳和江西瑞金等地知县，擢南昌府同知，后政署吴城同知，任乙卯（1795）科浙江乡试同考官、庚子（1780）科江西乡试同考，敕授文林郎，赐赠通奉大夫、湖南布政使。

常州词派宗师张惠言称恽敬"事事为第一流"，恽敬在京都充任咸安宫宫学教习时就认为钦定桐城文体为清（学）生写文范例有探讨余地。他认为泰山虽高，但离天还有距离，桐城派文风堪称一代典范，但岂能完美无缺？他积极参与常州阳湖文派创建，并使之走上辉煌。后人评说阳湖文派较桐城派更善于汲取百家之长，文风更活泼、更自如、更新颖。清学者缪荃孙遵张之洞之嘱，在书稿中将阳湖文派与桐城派并列，从而首次确立了阳湖文派在中国文化史上的地位。清《文苑传》记载，"数百年来，文坛公认恽敬、张惠言是阳湖文派的创始人"，可见恽敬在清代文学史上影响之大。

恽敬先后为知县 18 年，其性格耿介刚直，所至辄忤其上官，嘉庆十九年（1814）被革职后未复官，瑞金县知县遂成为其仕途之终点。

恽敬著有《大云山房文稿》《大云山房杂记》《蒹塘词》等。

恽氏进士

根据宋《咸淳毗陵志》、乾隆年间的《江苏通志》、道光年间的《武进阳湖县志》、光绪年间的《武进阳湖县志》《清代毗陵名人小传》《明清进士题名碑录索引》记载，从南宋宝庆二年（1226）到清朝科举制度废除的 700 年间，常州孟河恽氏共有 18 名进士。现把这些史书上有记录的 18 位恽氏进士的姓名、字号、世系、生卒时限、甲科名次等，按榜次先后为序摘录如下。

恽文（1191～1235） 字汝华，孟河恽氏四十六世孙，南宋宝庆二年（1226）丙戌科，王会龙榜进士。

恽巍（1470～1527） 字功甫，号东麓，孟河恽氏五十六世孙，明弘治十五年（1502）壬戌科，康海榜二甲五十七名进士。

恽釜（1484～1556） 字器之，号后溪，孟河恽氏五十七世孙，明正德十六年（1521）辛巳科，杨维聪榜二甲五十二名进士。

恽绍芳（1518～1597） 字世光，号少南，孟河恽氏五十九世孙，明嘉靖二十六年（1547）丁未科，李春芳榜二甲第三名进士。

恽厥初（1572～1652） 字伯生，号阮原，孟河恽氏六十一世孙，明万历三十二年（1604）甲辰科，杨守勤榜三甲第二百三十一名进士。

恽燮（1628～1709） 字元锦，号心山，孟河恽氏六十三世孙，清顺治十八年辛丑科（1661），马志俊榜三甲第八十六名进士。

恽启巽（1629～1686） 字元介，元理，号平江，孟河恽氏六十三世孙，清康熙十二年（1673）癸丑科韩菼榜二甲第四十名进士。

恽东生（1645～1713） 字晋明，号岱存，孟河恽氏六十四世孙，清康熙三十年（1691）辛未科，戴有祺榜三甲第八十八名进士。

恽宗洵（1866～1749） 原名宗清，字康夫，号南京，孟河恽氏六十五世孙，清康熙六十年（1721）辛丑科，邓钟岳榜二甲第三十名进士。

恽燮（1742～1808） 字峰五，号显阶，孟河恽氏六十七世孙，清乾隆四十年（1775）乙未科，吴锡龄榜二甲第三十二名进士。

恽鹏（1745～1805） 字鹏起，号伟堂，孟河恽氏六十五世孙，清乾隆四十九年（1784）甲辰科，菇棻榜三甲第二十一名进士。

恽光宸（1802～1860） 原名尔谦，字薇叔，号漕生，孟河恽氏六十八世孙，清道光十八年（1838）戊戌科，钮福保榜二甲第二名进士。

恽世临（1817～1871） 原名侗，字次山，号听云，孟河恽氏六十六世孙，清道光二十五年（1845）乙巳恩科，萧锦忠榜二甲第三十八名进士。

恽鸿仪（1816～1898） 字伯方，号曼云，孟河恽氏六十九世孙，清道光三十年（1850）庚戌科，陆增祥榜三甲第六名进士。

恽彦琦（1828～1893） 字莘农，号亦韩，孟河恽氏六十九世孙，清咸丰九年（1859）己未科，孙家鼎榜二甲第四十九名进士。

恽彦彬（1838～1920） 原名昭，字次远，号樗园，孟河恽氏六十九世孙，清同治十年（1871）辛未科，梁耀枢榜二甲第一名进士（传胪）。

恽毓鼎（1863～1918） 字薇孙，号险斋，孟河恽氏七十一世孙，清光绪十五年（1889）己丑科，张建勋榜二甲第二十九名进士。

恽毓嘉（1857～1919） 字孟乐，号书（苏）斋，逸叟，孟河恽氏七十一世孙，清光绪十八年（1892）壬辰科，刘福姚榜二甲第一名进士（传胪）。

3 医圣僧道

陶弘景（456～536） 字通明，自号华阳隐居，谥号贞白先生，南朝齐、梁时期道教茅山派的代表人物之一，丹阳秣陵（今江苏南京）人。他这一生最大的贡献就是为儒、道、释三教圆融奠定了理论基础。

陶弘景的祖籍地和出生地都不在孟河，但由于他长期在句曲山（今茅山）修炼，他和萧衍是好友，萧衍是在孟河长大的，因而他也经常来孟河。后来，他又为萧衍炼丹21年，他为士民治病，在孟河的民间留下了深远的影响。他又和萧衍共同在孟河建了三老殿，推出了"三教圆融"，他的大半辈子生涯都和孟河有关，因而，我们把他写入本书。

陶弘景是道士、道学研究者、道教医药家，他写下了许多医药著作，这些著作至今还有很大的影响力；他是一个思想者，他的一生是探求的一生，是思考的一生；他又是一个炼丹者，曾奉萧衍之命，在句曲山等处闭门炼丹 21 年，结果"金丹"未能炼成，却为"化学合成""重金属冶炼""丹药制造"积累了大量的经验；他还是一个哲学家、一个作家，为后人留下了大量的哲学著作和文学著作。

费伯雄（1800～1879）

字晋卿，常州孟河人，孟河医派费氏医家的掌门人。费伯雄出身于医学世家，家学渊源，先儒后医。悬壶执业不久，他即以擅长治疗虚劳症驰誉江南。道光年间，他曾两度应召入宫廷治病，为当时的皇太后和道光皇帝治疗，均取得明显疗效。他为此获赐匾额和联幅，被称为"活国手"。至咸

名医费伯雄

丰年间，费氏医名大振，远近求医者慕名而至，门前时常舟楫相接，孟河此时也因医药业发达而成为一个繁华的小镇。费氏博学通儒，医术精湛，人称其以名士为名医，蔚然为医界重望。

据史料记载，费伯雄除治愈清道光帝的失音症、皇太后的

肺痈外，还在道光十二年（1832）为江苏巡抚林则徐治过病，后也曾为左宗棠治病。咸丰八年（1858），清军江南大营主帅向荣咯血于丹阳，江南提督张国樑来孟河请其去丹阳为向荣治疗，向荣愈后赠匾额，誉曰"费氏神方"。费伯雄切脉功夫很深，他能"晰脉知微，察如丝缕"，掌握病情。他用药以"培养灵气"为宗，论医戒偏戒杂，谓古医以"和缓"命名，可通其意。他认为习医在学术上要强调师古法、古方，然而制方用药关键在义理之当，不可拘泥，不在药味之新奇。他反对用不变之方去套千变万化之疾，认为应针对各种不同病因，随机应变，方能显效。他认为"天下无神奇之法，只有平淡之法，平淡之极，方能神奇"，因此，他用药总以"协调阴阳，顾护正气"为前提。

费伯雄医德高尚。面对当时的不良医风，他曾大声疾呼："欲救人而学医则可，欲谋利而学医则不可，则利心自淡矣！利心淡则良心现，良心现则畏心生。"他又说："医虽小道而所系甚重，略一举手，人之生死因之，可不儆惧乎哉！"

费伯雄医名传遍大江南北，一生医人以万计。其所著医书，尤于杂病最详，略于伤寒，最初所著的24卷《医醇》毁于战火，后撮其要义，辑成《医醇賸义》4卷，总结了他一生治疗杂病的学术经验。他还著有《食鉴本草》1册、《医方论》4卷、《怪疾奇方》10卷和《留云山馆文诗钞》等。

马培之（1820~1903） 常州孟河人，孟河医派马氏医家的掌门人。其祖上自明代马院判起即世代业医，马培之自幼随其祖父——名医马省三习医，尽得其学。他后又博采王九峰、费伯雄等医家之说，融会贯通。马培之本姓蒋，因其祖先学医于马氏，被马家招为婿，遂从马姓。同治、光绪年间，马培之医名颇盛。他为晚清著名学者俞樾等治病后，其医誉更隆，名震大江南北。经江苏巡抚吴元炳推荐，他于光绪六年（1880）应诏入京为西太后（慈禧太后）治病。太后疾愈，遂赐御书"福"字及"务存精要"匾额各一，马培之由此蜚声医界。其所擅较多，伤寒、温病皆精通。马氏门生甚众，比较著名的传人有巢渭芳、丁甘仁、邓星伯、马伯藩等。

马氏对中医各科都有高深的造诣，尤以外科见长。其著作有《马评外科证治全生集》（亦即《外科全生集》）、《医略存真》、《外科传薪集》、《外科集腋》等，其门人整理有《马氏医案》（即《马培之外科医案》）一卷行世。

巢崇山（1843～1909） 名峻，晚号卧猿老人，出身于孟河著名医药世家，孟河医派巢氏医学掌门人之一。

巢崇山"家学渊源，学验两富"，擅长内、外两科，尤精于治疗肠痈，往往有奇效。清同治、光绪年间，他在上海行医，颇有声誉。

巢崇山很重乡情，极力引荐晚出道的同乡丁甘仁到上海行医，使丁甘仁能名冠申城，所以世人有"甘仁至申，崇山实为之介"之说。巢崇山还培养了很多门徒，尤以贝颂美、陶佑卿、汪剑秋、刘俊丞、黄晓和医名最著。

巢崇山的医著有《玉壶仙馆外科医案》一册，记录有治疗头部、五官等外科的病例43种84案，总结了多年临床经验，他医治外科各类疾病，往往出手不凡，药到病除。另外，他还有

《巢崇山医案》一册、《千金珍秘》一册等著作。

巢渭芳（1869～1929） 孟河人，孟河医派巢氏医家掌门人之一。

巢渭芳得马培之的真传，擅内、外、妇、儿各科，治伤寒尤擅，为孟河医派留居本地者中的佼佼者。他对时病、急症有独到之功，尤精于应用火针治肠痈和化脓性外科疾病，深得患者信服。他认为治症应辨症明确，提出药有专任，贵在不失时机，认为用药不能面面俱到，也不要片面求稳，在关键时刻，须审症求因，有针对性地用药，才能取得良好效果。病人曾赠送给他"愿为民医，不作良相"的匾额。

其著有《巢渭芳医话》一书，此书是他一生诊疾治病的经验总结。除授徒朱彦彬、贡肇基等人外，他的儿子巢少芳、孙子巢念祖、曾孙巢重庆都秉承祖业，悬壶于孟河家乡，为当地老百姓服务。

丁甘仁（1866～1926） 常州孟河人，孟河医派丁氏医家掌门人，中医临床医学家、教育家。早期，他创办上海中医专门学校，培养中医人才，成绩卓著。他最早主张伤寒、温病学说统一，并应用于临床，打破常规，将经方、时方并用治疗急症热病，开中医学术界伤寒、温病统一论之先河。

丁甘仁自幼聪颖，下笔成章，先从业于马仲清及丁松溪（丁甘仁之兄），后又从业于马培之先生。丁甘仁刻苦学习，勤学深研，积累甚丰，对马氏内、外两科之长（包括喉科）能兼收并蓄，尽得其真传。学成之后，他初行医于孟河及苏州，后至沪上，以高超的医术红遍上海滩，名震大江南北，许多在沪的外侨到丁甘仁处求诊。

丁甘仁认识到要传承和发扬中医医学，必须要改革传承方式，培养青年一代，于是立志兴学，乃会同沪上同道夏应堂、谢利恒等集资办学。1917 年他创办上海中医专门学校，两年后又创办女子中医专门学校，闻风来求学者遍及全国，学校培养了大批高水平的中医人才。丁甘仁又开设沪南广益中医院、沪北广益中医院，两院均设有门诊及住院部，以备学生见习与实习之用。他培养的学生遍及全国，他们多成为国内外中医学界的栋梁。他门下的佼佼者甚多，程门雪、黄文东、王一仁、张伯臾、秦伯未、许半龙、章次公、王慎轩等中医名家，均为早期毕业于上海中医专门学校的高材生。1920 年，丁甘仁又发起成立"国医学会"，首次把中医医师组织起来，相互切磋，开团结、协作之风。为了加强中医学术研究，他又创办《国医杂志》，成立"江苏省中医联合会"，丁甘仁为首任会长，从而使医林同道得以互通声气，加强了全国中医界的联系。

丁甘仁乐善好施，对病者，不论贫富，一视同仁，遇贫困之人求诊，常免收诊金，甚至赠送药物。他热心于公共福利事业，常将自己所得诊金资助学校、医院及慈善机构，同时施粥饭，施棉衣，办义学，建养老院、育婴堂，等等。他曾在故乡举办武（进）丹（阳）荫（沙）义渡局、孟河接婴堂、孟河敬老院、通江市文社等，常捐款修桥铺路，造福乡里。丁甘仁医术好，医德高，热心为群众服务，深为群众所敬仰，乡人传

丁甘仁办的上海中医专门学校

颂不辍，孙中山为他题词"博施济众"。

丁甘仁为后人留下的医药著作很多，有的是后人整理后出版的，共有《思补山房医案》《丁甘仁用药一百十三法》《丁甘仁医案续编》《思补山房膏方集》《丁甘仁晚年出诊病案》《百病医方大传》等。

恽铁樵（1878～1935） 著名中医学家、文学家、翻译家，孟河恽氏第七十代孙，原名树珏，别号黄山。

恽铁樵5岁时丧父，11岁时丧母，由同族亲戚抚养长大，幼承家学，刻苦自励。他16岁时中秀才，1903年考入上海南洋公学（现上海交通大学），1906年毕业，精通英语，曾在湖南长沙一校和上海浦东中学执教。1911年入商务印书馆任编译员，曾与他人合译《西学东渐记》等书籍。1912～1917年，他接任《小说月报》主编，他制定的编辑方针和选稿标准有独特之处，他说文章要以"雅洁"为主，著译小说是为了"变国俗"，文章的可读性要强。1913年，《小说月报》卷首刊登了鲁迅的第一篇小说《怀旧》，恽铁樵写批语盛赞，向读者热情推荐。鲁迅在给友人的信中常提到恽铁樵早年对他的提携，说他是受恽铁樵激励走上文学道路的。叶圣陶、张恨水等名人也有同样的经历。

恽铁樵受孟河医派影响，从小喜爱医学，喜阅读医书，精研名医处方，旁及西洋译本，对中、西医学都具有较深造诣。1920年，他弃文从医，辞职挂牌行医，后名声大振。

他积极改革中医，提倡中、西医结合，他的医学著作有《药盦医学丛书》和《今后中医改良之途径》、《恽氏医学观》、《伤寒金匮》、《群经见智录》、《脉学发微》、《温病明理》（4卷）、《伤寒论研究》（6卷）等。1925年，他创办了铁樵中医函授学校，受业者达600余人。

巢伯舫（1921～2012） 自幼习医，1938年8月考取上海国医学院，正式成为孟河医派丁氏医家掌门人丁甘仁的传人，1942 年毕业回常州行医，后被国家人力资源和社会保障部、卫生部、国家中医药管理局联合评选为"国医大师"。1954 年，他进入常州市第一人民医院，其间用心治病，热心带徒，还到校授课，培养了多位中医人才，同时撰写论文 60余篇。为传承孟河医派，他于 2006 年与同仁创办孟河医派传承学会，任学会副会长、副理事长，他还参与了重建丁甘仁故居的前期工作。

4 革命先烈

恽代英（1895～1931）　　祖籍江苏常州，孟河恽氏家族的七十世孙，出生于湖北省武昌，中国无产阶级革命家，中国共产党早期青年运动领导人之一，曾任黄浦军校第四期政治教官。

恽代英青少年时在武昌读书，学生时代积极参加革命活动，毕业于中华大学。1920 年他创办利群书社，后又创办共存社，传播新思想、新文化。1921 年他加入中国共产党，1923 年在上海大学任教，同年 8 月被选为中国社会主义青年团中央委员、宣传部部长，创办并主编《中国青年》。他后受党的委托参加中国国民党，在上海执行部任宣传部秘书。1925 年 5 月他发动和领导了上海的反帝运动。1926 年 5 月，他任黄浦军校政治部总教官，10 月，赴武汉中央军校担任领导职务，同年在中国共产党第五次代表大会上当选为中央委员，南昌起义后，任南昌革命委员会委员。同年 12 月，他组织和领导了广州起义，失败后退居香港，1928 年 6 月回广西工作，1929 年初在中国共产党中央宣传部任秘书长。1930 年 5 月，他在上海被捕，8 月被押往苏州监狱，1931 年 2 月，又被押到南京，4 月 29 日牺牲在狱中刑场。

五　璀璨文化

文化是一个地区的"魂"和"本"，一个缺乏文化的地区很难得到发展，文化的沙丘上很难绽放出艺术之花。孟河镇2500年的历史发展就证实了这一点，孟河的历史是被文化一步一步推着"走"的，孟河的发展是在文化繁荣的基础上形成的。这漫长的2500年中，每当历史的脚步停顿时，总有一种先进文化导入，给历史的发展注入了动力，而历史的发展又推动了文化的进步。"文化"与"历史"就像一对孪生儿，在发展的过程中总是相伴而行、相互促进的。

1　宗教文化

宗教文化是中华传统文化中的一个很重要的组成部分，它在全国各地普遍存在，不管哪个地区，不管哪个历史阶段，更不管这个地区的文化繁荣与否、贫富均衡与否、经济昌盛与否，宗教文化总在发挥着它特有的作用。由于宗教文化具有普适性，在讨论各个地区的文化的时候不一定要涉及宗教文化，只有该地区的宗教文化具有特异性时，才有叙述的价值。孟河的宗教文化就有特异性，在这里儒、释、道不仅长期兴旺且互相融合，对中华宗教文化的发展做出了贡献，因此有了探讨的价值。

儒学影响根深蒂固

在南方，孟河是儒学流行最早的地区之一，在孟河推行儒学的第一人是"战国四公子"之一的春申君黄歇。公元前262年，他被楚烈王分封到江东后，曾在孟河东边的山上读书，留下了"黄歇读书处"的遗址。黄歇是在"百家争鸣"的时代来到江东的，那时各种学说争鸣，但执政者多以尊儒为主、兼及他派，黄歇及其大多数门人也是如此，他们来到孟河后，通过在东山上办学，把当时各种学派传到了江东民间。

若从那时算起，孟河地区推行儒学的历史长达2200年。

"江东"父老们是聪明好学的，经黄歇及其门人的启蒙，一代又一代的孟河人锲而不舍地对儒学进行研讨和传播，使儒学成为孟河地区主要的思想流派。儒学塑造了孟河人的性格，使这里民风淳朴，人民勤劳忠诚、守信崇义，一批举人、进士涌现出来，在朝廷任职。

儒学在孟河的传承是悠久而卓有成就的，其中有几个典型的例子。

一是，自宋开始，孟河的恽氏家族每朝每代都名人辈出，这些名士都是大儒。仅在宋、明、清三朝，孟河恽家就走出了18位进士，走出的文人学士、文武大臣少说也有上百。

二是，永嘉南渡时从北方迁来的山东萧氏家族入居孟河后，在孟河深厚的儒学氛围熏陶下，走出了齐、梁两朝的 15 位皇帝和唐代的 1 位状元、10 位宰相、5 位皇后，这些人也自然深受儒学影响。

三是，在宋代，在儒学向程朱理学演变的过程中，相传朱熹闻知孟河地区儒学氛围浓厚，带着他对"儒学"的全新诠释来到孟河黄山，在黄歇读书处和萧统读书台的基础上修建了孔庙和黄山书院，还让他的弟子亲自在黄山书院执教。这虽是传说，但在黄山上确有孔庙和黄山书院的遗址。

四是，在孟河医派形成的过程中，儒学发挥了极大的作用。孟河医派的那些大师们，起初多不是医生，而是儒士，他们是在"治病救人"和"不为良相，则为良医"的理念指导下改行习医的，所以其医德和行医风格处处都可体现出儒家宽厚、包容、无私、奉献的风范。正因为如此，孟河医派的医术才能不断发展，自成特色，医生在其他地区行医时才能得到士民的爱戴和欢迎，才能在门派林立的中医学界取长补短，使医术有所突破。

五是，昔日的孟河地区，不仅有书院、孔庙，还有许多大大小小的私塾。据不完全统计，在 20 世纪 20 年代，能被当时的人们忆起的私塾就有 68 所，1911 年就创办了"国立通江乡第一小学堂"。这许多书院、学馆、私塾担负着传播儒学的重任。那时的孟河，基本上村村有村学（那时叫"私塾"），孟河地区大多数青少年能接受三四年的教育，他们基本上会算账、能写字，在那时，这些人就可到各地去"闯世界"了。

这些学校的教材都是儒家的书籍，从《三字经》教起，最高教到《论语》《大学》。

六是，孟河地区很注重对平民灌输儒学思想，如孟河儒士们设计了"戏名"来宣扬儒学。每个家庭也都重视对孩子进行最基本的启蒙教育，宗族的祠堂和宗教界的宫观寺院也在教育方面起了重要的作用，使儒学能在普通士民中得到传承。

七是，许多儒家的精英很注重对儒学的研究，且卓有成效，他们撰写了大量的儒学著作，以弘扬儒学。

儒学在孟河的影响是深远的，它不仅规范了人们的日常行为方式，陶冶了人们的道德情操，还发挥了深层次的作用，规范了人们的生活态度、思维方式、情感取向等，从而使这里的社会生活总是处在一种稳定而有序的状态下，使社会的各个方面都能缓步、有序地获得发展。由此可知，儒学对孟河地区的影响是根深蒂固的。

道学培育民风、民俗

在孟河地区道学传承的历史也很悠久，在民间的影响更大。儒家是教人"做"人的，适合于官员和有学问的人，而道家是说客观规律的，是讨论人的本性的，黎民百姓易于接受。这里有一个最好的例证，在魏、晋、南北朝时，这里人的名字中总有一个"之"字，据陈寅恪大师的考证，这"之"字是代表着道学（教）信仰的。

从历史上看，在孟河地区传承道学、推广道教的第一人是西晋时的葛洪，功劳最大的是陶弘景。他们都是江东之士，虽都不是孟河人，但由于他们都在茅山修道，再加上陶弘景是梁武帝萧衍的好友，所以他们常来孟河地区，又因道教在兴起时就与医学结缘，道士又是医师，还是方士，基于以上两点，他们能很自然地和普通士民接触，如陶弘景就是古时孟河地区人人皆知的"陶道士"。

道教文化对孟河的影响之大，有几个最有说服力的例证。

一是，孟河人有尊重自然、恪守天命的本性，有吃亏是福的心态和容忍退让为本的行为准则，更有那种吃苦耐劳、勤劳节俭的生活习惯。这些都是道学的"自因说""无欲论""守柔""处下""顺应""遁世"理论影响的结果。

二是，孟河地区历史上的"隐士"多。"隐"本身就是道学的思想，"隐士"所选择的"隐处"也必定是有"隐"的思想基础的地方。孟河有山有水，自然环境适合"隐"，士民的生活习惯、性格特征也构成了适合"隐"的人文环境，所以许多大隐士来到孟河。从恽家的一世祖恽贞道，到西晋时的"竹林七贤"中的几位、东晋的孟嘉，再到陶弘景、萧统，这些隐士都选择了这里，这本身就说明了这里道学影响的深远和人们思想意识的"道学化"。

三是，孟河医派的医药思想一定程度上来自道教思想和道教医学，孟河医派独树一帜地提出"和缓为大法"，就是受道家的"无为""守柔""处下"理论影响的结果。

四是，孟河地区的道观不仅数量多，而且有影响力的也很多。先说数量，20世纪40年代，孟河地区被记入乡志的道观就有眼光庙、二官堂、著书院、三太殿庙、观音堂、东岳庙、玉皇殿（阁）、小河关帝庙、广伟庵、望江庙、猛将庙（茅庵港）、白阳庙、文武庙、长江古社、水月庵、大王庙、白龙庵、含辉观、小河街北同仁堂、王家村同仁堂、三清殿、猛将庙、孟河关帝庙、大树火烧庙、固村火烧庙、白良庵、八字桥关帝庙、背阴庙、悟庐庵、普仁庵、大悲庵、药师庵、财神庙等35个道教宫观。再说影响，万绥东岳庙曾被唐太宗赐名为"万岁东岳行宫"，这是全国唯一的一座以"万岁"冠名的宫观，魏、晋、南北朝时代所建造的黄山顶部的玉皇殿（阁），是道教大师葛洪和陶弘景的修行处，是风水学家郭璞研究"风水"的大本营，郭璞就是在这里开创了"地理五诀"的理论。

第五个例证是，孟河地区的人们不仅崇尚道教、传承道教，还对道教的发展做出了杰出的贡献，其中贡献最大的人首推陶弘景。他"改造道教，力促道教宫观化"，使教规、教仪得到了规范，促进了道教的发展。

六是，孟河人不仅崇尚道教，把道学的理论融入日常生活、风俗习惯中，还在吃透了道学理论的基础上，创造出了有地方特色、有深刻内涵、代表本地士民心愿的本地区的神学思想。这里不仅出现了本地区的城隍、医圣，更有意义的是孟河人创造出了猛将菩萨，建了猛将庙，并逐步地把它推广到其他地区，被其他地区的人们所接受、所崇拜，这是很了不起的。

释学佛教广泛流传

儒、道、释三种文化中，佛教文化在孟河地区是最晚得到传播的，但因萧衍皇帝的介入和强势推进，再加上当时特殊的社会环境和佛教严谨的佛理的影响，佛学很快在萧衍的家乡被民众接受，并迅速繁荣。

萧衍对佛教的最大贡献就是实现了佛教的本土化。佛教是外来教，佛教是有神教，佛教的"有神论"与中国儒学的"无神论"是矛盾的，因而佛教自西汉时传入后一直受到中国的"士人"的抵制，传播速度非常缓慢。到南北朝时代，国家的分裂、战争的灾难，使广大的"士"和"庶民"都看透了现实，都在寻找另一种信仰，信仰佛教也就成为首选，但佛教的"有神论"总令中国的"士"难以接受。这时，精通儒、道、释的萧衍，把儒学中的"心性论"梳妆、打扮后融入了佛教，提出了"我心我佛""佛在我心中"等理论，这样就使中国的"士"们接受了佛教，并使佛教得到了迅猛的发展。

萧衍还为超度妻子的亡灵编写了《慈悲梁皇宝忏》，志公大师在萧衍妻子郗徽的家庙九龙寺编排、推出了大型佛教道场"梁皇宝忏"。萧衍在超度完妻子后，出于博爱的心理，考虑到许多亡灵都应得到超度，又办了"水陆法会"，超度阴、阳两界的所有生灵。"梁皇宝忏"和"水陆法会"都是在孟河兴起的。这两个法会规格高，规模大，一直流传至今，是佛教界规模最大的法事之一，影响深远。

孟河地区的佛教寺院数量众多，在20世纪40年代，被记入乡志的就有莲花禅林、观音堂、吉祥寺、永胜庙、南寺（智宝寺）、旃檀禅寺、九龙禅寺、三茅殿、大王庙、慈云庵、观音庵、九龙观音堂、昆卢庵、静海禅院、护国寺、城北观音堂、行场上莲花庵、汤巷观音堂、西林禅寺、静修庵、安尼山寺、图庙、红庙、化城禅寺、费家巷观音堂、庆平庵等27个佛教寺院。有影响力的寺庙也很多，在南北朝时，这里就曾有帝王的家庙18座，其中的九龙寺还是佛教中的重要法事"梁皇宝忏"和"水陆道场"的诞生地，是萧衍和达摩的论经处。这一切都足以说明，孟河地区的佛教在全国都是有影响的。

三教同源，思想圆融

萧衍与陶弘景两人在充分思考及实践后，在几代人探索的基础上，终于以"三教同源说"的问世、"三老殿"的创立，以陶弘景在句曲山的道、释双修，再加上萧衍倾梁朝皇室之力推广，在中国大地上实现了儒、释、道三教的圆融，对中国宗教界的和谐和中华民族和谐相处意识的建立，做出了杰出的贡献。

"三教圆融"并不是由萧衍和陶弘景首次提出的，而是几代人努力探索的结果，但以往的几代人并没有提出系统的理论。萧衍提出了"三教同源说"，陶弘景在茅山中倡导"释、道双修"。以前的几代人也没有通过具体的建筑和形象来体现这一理论，又是他们两人合力在孟河的东岳庙中建立了"三老殿"，供奉孔子、释迦牟尼、老子，还绘制了"三教圣位图"，把儒、释、道三教中的每位长者的位置做了合理的安排。萧衍再以"三老殿"为基础，借助皇权向皇族、官宦、士民大力推广，"三教圆融"才在全国得到广泛认可，他们两人对推动"三教圆融"做出极大的贡献。

由于"三教圆融"在当时体现为在孟河建三老殿、共拜三尊，我们可以把"三教圆融"的首个实现地视为孟河，所以，孟河是"三教圆融"的起源地。

东岳庙中的"三老殿"虽消失了，但在孟河地区体现"三教圆融"的寺院却一直存在着，这些寺院中，仍然供奉着孔子、释迦牟尼和老子三位尊神。据当地方志记载，直到20世纪40年代，当地的同善堂（东陆村）、三官堂（小河西街头），仍为体现"三教圆融"的寺院。

"三教圆融"有利于社会的稳定和发展。儒、释、道三种文化在孟河一直和谐共存，共同影响了孟河地区的人们的价值取向、生活习惯，衍生出许多民风、民俗，陶冶了孟河一代又一代的士民。这一切，成为孟河浓厚文化的根和源，影响了孟河的发展。

2 齐梁文化

齐梁文化是齐梁时代以从孟河走出去的以萧氏精英为首的一批巨匠所创造的一种有进步意义的、代表着那个时代先进思想的文化。它是中华文化的组成部分，是中华文化在特异时代绽放的一枝奇葩，是汉文化向唐文化过渡的桥梁。齐梁文化不只是一个地区的文化，而是一种全国性的普适文化，由于其创造者是以从孟河走出去的一批精英为主，因而我们可以把孟河当作齐梁文化的诞生地之一。

齐梁文化形成的原因

要弄清楚齐梁文化产生的原因，首先必须要审视产生齐梁文化的那个时代。齐、梁属于魏、晋、南北朝时代，那个时代的最大特征是"乱"和"变"。

东汉末年，汉帝国的中央集权统治被打破，形成了三国鼎立的局面，后司马氏虽又统一了中国，但强有力的中央集权再也难以恢复，再加上司马家族重用近亲、外戚，形成了一个又一个的"门阀"家族。这些门阀势力酿成了"八王造反"，北方的少数民族乘机入侵，又出现了"五胡乱华"，晋朝被迫南迁，形成了南北分裂的局面。这时，由于"乱华"的少数民族残杀汉人，北方大批士族纷纷南迁，史称"永嘉南渡"，历史也就由此进入了"政治大分裂、社会大荒芜、家园大破坏、民族大冲突、文化大沦落、思想大混乱"的时代。

对于身处乱世的魏、晋、南北朝的士大夫来说，"大分裂是他们刻骨铭心的痛，大统一是他们排遣不掉的梦。这种痛，这种梦，都是根植于他们内心深处潜藏的华夏文化基因"，他们开始了求"变"。这时中央集权崩溃，"独尊儒术"的权威丧失，王权控制力减弱，使他们能够在宽松的环境中对过去的风俗习惯、价值信仰、文化认同等进行认真的思考和探索，再加上灾难和战乱对他们的启示，社会精英们逐渐地把握住了社会的本质，解放了思想，冲破了过去的种种桎梏，创建了一种新的文化，这就形成那个时代的第二个特征——"变"。

"乱"破坏了大一统的局面，形成了思想解放，"变"也就应运而生。在"变"的过程中，各种不同的思想、不同的观念形成了，通过碰撞、交锋、选择、融合，最终使有利于社会发展、能促进社会变革的思想占据了统治地位，这种思想诉之于实践和文字后，就形成了一种文化，因这种文化最终形成于齐梁时代，因而我们就称其为"齐梁文化"。

齐梁文化的具体内容

齐梁文化的成就是非常广泛的，现列出主要的几项进行介绍。

首先要介绍的，是以梁昭明太子萧统为领袖的一批东宫学士所编纂的《文选》，史称《昭明文选》。它是我国目前最早编选的诗文总集，选录了先秦至南朝梁代 800 多年间 100 余位作者的 700 余篇文学作品，把中国历史上这个时期的优秀文学作品有效地保存了下来。全书收集了 38 类文体的作品。

《文选》在中华文学史上占有重要的位置，在唐时与《五经》并重，宋代称它为"文章祖宗"，从明、清直到当代，对它的研究从未中断，由此可知它的"大"与"重"。这部《文选》的特点是编选"最早"、文章"众多"、体裁种类齐全且分类明确，它还是通过择优选拔而形成的一本真正的"选"集，从而开了"选学"之门。

刘勰创作的《文心雕龙》是齐梁文化的另一大亮点。刘勰花了 4 年时间，在钟山名刹定林寺写成《文心雕龙》，这是一部划时代的杰作。这本书由"总论""文体论""创作论""知音论"等组成，"其结构经过精心安排而部伍严密，形成一个完整、严密的系统，在中国文艺理论和美学史上，具有如此完整、系统而庞大的理论体系的著作，可以说是独一无二的"。它是我国首部文学批判著作，它的影响不局限于那个时代，不局限在中国，而是一直延伸至今，延伸到全世界，并形成了一门被称为"龙学"的学问。

在诗歌的创新上，齐梁时期呈现出崭新的局面。沈约创造了有关诗韵律的"四声八病说"，将四声的区辨同传统的诗赋音韵知识相结合，为"近体诗"的出现奠定了基础。钟嵘编纂的《诗品》是继《文心雕龙》后的一部评论诗歌的名著，梁时的徐陵又选编了《玉台新咏》，这是继《诗经》《楚辞》后中国古代的第三部诗歌总集，它收集了许多民歌，最典型的就是那篇千古绝篇《孔雀东南飞》，同时它还选录了许多女诗人的作品，使班婕妤、鲍令晖、刘令娴的杰作能流传下来。

袁行霈在其主编的《中国文明史》中说，诗歌发展至南朝，已经显露了许多新体诗的特征，如音律、辞藻的要求更加强烈。"齐永明年间，以沈约、谢朓为代表的诗人，鼓吹新变，提倡'四声八病'，写作新体诗。"这里所说的"新体诗"就是指的"永明体"诗，谢朓是这方面成就最大的诗家，他开辟了一个新诗天地，其创作开了唐诗发展之路。"永明体"的出现是诗歌发展进入新阶段的标志。继"永明体"诗歌后，梁朝又出现了以萧纲为首的士人所作的"宫体诗"。

由此可知，南朝是我国诗歌繁荣的前夜，没有南朝的诗就不会有后来的唐诗、宋词，它是诗歌发展史上一个重要阶段。

在齐梁时期许多史学巨著问世，最著名的要属萧子显的《南齐书》，它被收入了"二十四史"。《南齐书》是少有的当代人写当代历史的一本著作，可信度高、真实性强。正由于是当代人写当代史，又是没落的皇族写自己家族的失败史，就必须要有一种面对现实、直面"国破家亡"的勇气，这对萧子显来说是难能可贵的，也体现了梁武帝的大度宽容，这成了历史上的一段佳话。

萧子显还写了《后汉书》100卷、《晋史草》30卷、《普通北伐记》5卷，萧衍写了《通史》600卷，沈约写了《宋书》190卷、《齐记》20卷、《高祖记》14卷，其中的《宋书》也被收入了"二十四史"。齐梁时代写史的人还有许多，写史成了一种风尚，这意味着社会的一种进步。

齐梁时代，雕塑和建筑等方面也有了明显的进步：一是出现质的变化；二是开始了南北、中外艺术的相互交融；三是艺术的自觉有了明显的表现。特别值得一提的是，南朝齐的陆探微、梁代的张僧繇与晋时的顾恺之并称为"南朝三杰"。

中医学是中国特有的一个科学分类，在魏、晋、南北朝时期，对中医学和中药学做出贡献的有王叔和、皇甫谧、葛洪和陶弘景。齐梁时代的陶弘景对中医的发展贡献很大，他经过潜心研究，对《神农本草经》进行了注释、勘误、增补，写成了《神农本草经集注》，使中草药的品种增加了一倍，还把药草分成了上、中、下三品，对每种药的药性和使用方法都做了具体的说明，既科学，又实用，可操作性强。另外，他还写了大量的医药书。陶弘景一生还坚持炼金丹，虽然他最终宣布炼丹失败，但在他认真观察、详细记录下，却取得了意想不到的成果：一是，他写下了许多有价值的炼丹处方，日后形成了我国的一种药物——丹药；二是，他炼丹时写下的观察记录，为化学合成提供了许多详细的资料，促使后人对化工合成进行思考，所以有人把陶弘景称为合成化学之父；三是，他为冶炼学提供了许多数据。

齐梁时代的农学研究也卓有成就，南北朝时期的贾思勰所写的《齐民要术》是现存最早、最系统的古代农书。《齐民要术》中所提出的许多栽培技术，是很有科学价值的，比如轮作等方法，我国农民一直应用至今。

南朝社会经济的发展为教育提供了基础，朝廷着手发展教育、振兴官学，建立了玄、儒、文、史四个学馆，不再只提倡儒家经学，玄学、文学、史学蓬勃兴起，与经学分庭抗礼。梁武帝曾设立五馆，又建国子学，招收"寒门俊才"，为平民入仕创造了条件，可见南朝已提倡教育公平了。

宗教文化在这一阶段得到了长足的发展，特别是佛教文化。萧衍写了许多"佛书"，把中国传统文化中的"心性论"融入佛教文化，使佛学有了一个带有哲理性的变化，促进了佛教的本土化。道教组织在南北朝前非常松散，经佛教界与道教界的几次论争后，道教组织面临崩溃，道教中的精英人物寇谦之、陆修静、陶弘景三人发起了一场在史学上被称为"道教宫观化"的改革运动。这一运动不仅拯救了道教，也丰富了道教文化。

佛教传人，道教复兴，再加上儒学兴盛，三者的宗旨和指导思想都不同，自然会在理念和争取受众方面存在竞争，再加上皇权的介入，矛盾常被激化，在历史上发生过多次灭佛或抑道事件，严重影响了社会的稳定。这种现象到了南朝时更趋严重，于是一些知识精英开始考虑三派融合的问题。经几代人的努力，梁武帝萧衍和道教大师陶弘景合作，终成大业，"三教圆融"也就成为齐梁文化的一个亮点。

齐梁文化的传承价值

齐梁文化在中华传统文化中占有很重要的位置，做出了很大的贡献，是中华传统文化中值得研究的一枝奇葩、一块瑰宝，因而我们必须要认真地弘扬它和积极地传承它。

从宏观来分析，齐梁文化的价值是很厚重的。首先，它总结和传承了中华文化，使中华文化在那个战乱的年代中没有断裂，得到了很好的传承，又通过"新""变"把原有文化向前推进了一大步，从而使齐梁文化成了汉文化向唐文化过渡的桥梁。第二，它开创了"文学的自觉"的时代，从而使"这个时期的文学逐渐从经学、史学中脱离出来，文学的特征逐渐鲜明，中国文学史中的主要文体基本确立，文学的团体和文学流派、文学风格都已形成，并最终获得了独立的地位，为唐代文化的发展和繁荣，奠定了坚实的基础"。第三，出现了三教圆融，使中华大地上首次形成了被广大民众能接受并自始至终能发挥影响的和谐文化，这对维持中华民族内部的团结、加强民众的凝聚力做出了杰出的贡献。

从微观层面看，齐梁文化的价值体现更广泛了，前文已做了叙说，这里就不再赘述。那一项又一项成就为中华传统文化增光添彩，开创了新的门类，从而使唐文化能在更广的范围内向更高的阶段发展，这一切都体现了齐梁文化在中华文化中的历史地位。

再从社会发展需要的层面来分析，研究、弘扬齐梁文化也是有积极意义的。思想的解放、文学的自觉、文化的求变创新、文化的和谐是社会永恒的课题，它从来不会一蹴而就，而是需要一代又一代的人去努力推进。我们应该挖掘、研究、弘扬并借鉴优秀文化，来推进文化向前发展，这也就是在当代弘扬、研究齐梁文化的一个重要任务。面对这个重大的任务，在弘扬齐梁文化的同时，我们应再拾思想解放的利器，去创造当代文化的"新"与"变"。

3　医派文化

医派兴起

明末清初，孟河地区出现了一个地方医派，这个医派是以四个家族的医生为主体形成的。他们先是在孟河行医，逐步走向大江南北，以高超的医德获得了民众的爱戴，再凭卓绝的医技走进皇宫、官府，他们在声名显赫后，进入大都市，"攻进"了上海滩。他们还通过办学，让中医学走出国门，从而使这个医派又进入了更高层次的辉煌。

费尚有（1572～1662）是费氏医家的第一人，他原是一位京官，在50岁时，为逃避以太监魏忠贤为首的阉党的迫害，抱着"不为良相，则为良医"的思想，弃官离职，回到孟河，操岐黄之业，开创了孟河医派。

早于费尚有，孟河有法徵麟、法公麟两兄弟行医，善治伤寒，医术甚精。

乾隆年间，孟河的沙晓峰、沙达调父子以擅长外科名重一时。他们通脉理，精于外科。

安徽马氏，19 世纪到孟河行医，知名者有马省三、马荷庵、马坦庵等，以医治疮疤见长，其中马省三不仅擅长外科，还精通内科。

到乾隆年间，费氏第五代医家费国柞被载入地方志，表明孟河医派初步形成。

在孟河医派稍有影响时，他们没有满足现状，而是继续努力，在医术上精益求精，在医理上深入探讨，还走出孟河，把影响扩大到各地，经几代人的努力，终于把一个地方小医派发展成在全国有影响的大医派。

首先，费伯雄（1800～1879）进京为道光皇帝治好失音症，为当时的太后治好肺痈，费伯雄的业绩被载入《清史稿》，使费家成为显赫的医家。

接着，马家、巢家也登上了医界的舞台。

马家那时当红的人物马培之（1820～1903）与费伯雄齐名。马培之曾两次为翁同龢治好顽疾，在清光绪六年（1880）还进京为慈禧太后治病，成为"天下名医"。

在费、马两家的影响下，孟河望族巢家也步入了医界精英行列，巢沛三是家族中首位有名的医生，与费伯雄、马培之是同时代人，成名晚于费、马。巢氏后代继承了家学，并师从费氏、马氏，不出三代，也跃入了名医的行列。

在这个过程中，孟河医派不仅保持和发展了自己的特色，还从其他地区的医派中吸取了丰富的营养，壮大了自己。

清道光、咸丰、同治年间，孟河医派发展到了最昌盛的时期，这时孟河名医云集、医术成熟、学术思想日臻完善，求诊的患者从四面八方涌来，使孟河这个小小的城镇呈现出一片繁荣景象。

当地的方志对当时的情况有如下记录："小小孟河镇江船如织，求医者络绎不绝"，"摇橹之声连绵数十里"。

孟河医派昌盛的一个表现，就是许多医家纷纷走出小镇，去外地发展。

巢家医派的巢崇山（1843～1909）于1859年移居上海，以治疗肠胀肿而闻名上海，其后代开始了在上海的发展。丁甘仁（1865～1926）也于1890年前往上海创办了自己的诊所，融合多家医派的医术，形成了自己的特色，成为以内科见长的一代名医。

孟河医派昌盛的另一个表现是丁甘仁办学。1916年，丁甘仁与上海名医夏绍庭（1871～1963）共同创建了上海中医专门学校，培养了一大批既有科学知识又熟悉中医原理和疗法的人物。这批人以后成为中华医药界的精英，一部分人迁至美国、法国、英国、东南亚各地，使孟河医派走出了国门。

兴起的原因

一个著名的医派在一个不显眼的乡村小镇悄然兴起，逐步发展，然后蔚然壮大。这其中的原因很多，现择其主要因素归纳如下。

第一，孟河有优越的地理位置。孟河地处长江中下游地区，北毗长江，南邻京杭大运河，这里的河道是苏南运河中的船只进入长江的重要通道。这种得天独厚的地理条件，使孟河早早地就成为一个经济昌盛、文化繁荣的小镇，这种优越的地理位置是孟河医派形成的最基本的条件。

第二，孟河有丰富的药材资源。孟河处于宁镇山脉的末梢，是夹于两山之间的一个小镇。这里气温适中，雨量充沛，是温带、亚热带的药材生长的理想地域。据调查，西山上有药材180多种，产量很大，在深山中可采到一些珍贵药材。由于孟河盛产中药材，孟河自古以来就有许多精通中草药的民间医生，有许多很有价值的秘方、土方，还有经验很丰富的药农。这是孟河医派得以孕育的基础。

第三，孟河有深厚的文化底蕴。从西周时太伯、仲雍南下起，就有许多政治、文化精英来到江左，他们带来了中原地区的文化，使苏南的文化和经济都得到了发展，为孟河医派的产生和发展提供了充足的精神原料。

文化与医学的关系

儒学对孟河医派的影响　在孟河医派形成和发展的过程中，儒家文化对它的影响很大，在下列几个方面表现得最突出。

"医为仁术"是孟河医派从医的指导思想。孟河医派的医生大都是以儒生身份从医，还有不少是弃官从医的，这就决定了他们从医的指导思想、行为特征与一般医生不同，这种不同表现在医德上，就是丁甘仁所说的"医为仁术"。

"仁"是儒学的主要内容，"仁"具有诚信、真诚、友善、慈祥、尊重、奉献、有爱心等含义。"医为仁术"，就要求从医者必须具备这些品质。丁甘仁所说的这句话，就是孟河医派的道德指向。这个道德规范就是儒家文化在医界的具体实践。

孟河医派是这样说的，也是这样做的。他们治病不分对象，不管是进皇宫、进总统府为达官贵人治疗，还是下山村、进茅屋为穷人治病，他们坚持随叫随到，从不推诿。对穷苦的患者，他们不但不收诊费，还在处方的一角盖一个"赠"字，免费提供药品。这一切都体现了一个"仁"字。正是因为"仁"，他们得到了社会各界的尊敬和爱戴，也获得了社会各界的支持，使医派的发展有了一个坚实的社会基础。

儒家提倡的不拘门户、相互学习，促进了医术的发展。在孟河医派兴起的那个时代，医术的传授基本上是以家族传授或师承的形式进行的，带有很大的封闭性，这是封建文化的特征之一。这样自然而然地影响了医术的提高与发展，使中医学一直停留在原来的水平上。孟河医派却不同了，因他们的创始人都是儒生，"医为仁术"的思想使他们想的不是谋利而是施"仁"，他们要的不是垄断，不是封闭，而是要提高、要创新、要发展，要更好地为患者服务，所以他们勇敢地打破了门第，冲破了家族局限，相互磋商，互助借鉴，使医术得到了交流和融合。这就为孟河医派医术的快速发展打下了基础。到了民国时期，这种思想进一步发展，就有了丁甘仁办学，从此使孟河医派的医疗理论、方法和现代科学结合了起来，最终使孟河医派走向了世界。

儒家的"四海为家"的思想，使孟河医派的医生不拘泥于在家乡行医，他们走出家门，走出国门，向各地发展。他们有宽阔的眼界，有"四海为家"的思想，能突破封建时代"以乡为牢"的局限，不断地向外发展，从而使孟河医派有了发展的空间。

儒家思想还使孟河医派的开创者们不拘泥于从医，而力争在从医的基础上成为一个社会工作者。纵观孟河医派的历史，我们就会发现，孟河医派中的许多精英人物并不纯粹是医生，也是社会工作者，他们热衷于发展各类社会事业，乐于为社会奉献。最典型的要属丁氏家族了，他们几乎代代有慈善家出现，热心服务于社会，为社会的公平正义而呼号。丁家的带头人丁甘仁在各地办义学，建养老院，办接婴堂，建义渡，放粮救灾，参加禁赌、禁娼活动，还联系社会各界人士抗议当时政府"取缔中医"的错误决定。因此，当时孙中山曾题了一幅"博施济众"的条幅给他，以示表彰。再说马家，马氏族人一直任孟河地区的乡董，负责治理地方，从而造福乡梓。

他们为什么不"安分"于"医"，而要从事如此多的社会工作、履行社会义务呢？一句话就能解答，因为他们是"士"，是有良知的"士"。他们做的这些善事，从表面上看，似乎和"医"没有关系，但实际上却为他们的医疗事业拓宽了发展空间。

博施济众

中华民国十三年
丁泽周
月

大总统题颂

孙中山给丁甘仁的题词

商业文化对孟河医派的影响 在孟河地区，由于儒学一直占统治地位，孟河地区的商业文化带有浓浓的儒家风范，所以我们现在讨论的是儒家文化影响下的商业文化对孟河医派发展的影响。

医疗事业是一种社会事业，但又是一种经营性的事业，个人从医更明显地带有商业性质。传统的儒家是"轻商"的，孟河的医生都是儒士，他们又该如何经商呢？从孟河医派的发展过程中，可清楚地看出，这些从医的儒士们巧妙融合了"儒"与"商"的理念，正确地处理了"义"与"利"的关系。

孟河地区在西汉时就成了长江边的一个商港，商业文化也随之形成，但孟河地区儒学的强势决定了商业文化只能从儒学中脱胎而出，因而它从诞生的那一天开始，就带有儒学色彩，强调"公平、公正"，强调"君子爱财，取之有道"，这样就使这个地区的商业一直处于一种良性的繁荣与发展中。孟河东岳行宫的一块石碑上，记录了清道光年间这个地区设置128杆公平秤的历史，从这一点就可看出这个地区的商业文化的属性了。

孟河医派就是在这种氛围中诞生的，又多为儒生从医，他们自然会巧妙地处理好"利"与"义"的关系。费伯雄说"欲救人学医则可，欲得利而学医术不可"，丁甘仁说"医为仁术"，这就反映了他们始终是把"利"放在"义"之下。用通俗的话说，他们是谋"合法的利""公平的利"，当"利"与"义"发生矛盾时，他们主动弃"利"从"义"。他们又知道从医势必是一种经营，他们在"利""义"兼顾的情况下，会做出一些正确的选择，如采用向外扩展的方法合理调整商业布局，以不断扩大经营范围、提高服务质量来招揽顾客。这些商业措施使他们能不断地得到发展。

他们奉行的这种商业文化，是孟河医派发展的动力。

道教文化对孟河医派的影响　道家文化中的"无为""守柔""处下"是孟河医派建立"和缓为大法"这一基本医疗方针的指导思想，孟河医派是在道学思想指导下形成自己的特色的。

孟河医派之所以能成名、能发展、能发扬光大，源于它是有自己的医疗特色的。这种特色是在正确的医疗思想指导下形成的，这种指导思想是什么呢？那就是费家医派创始人费伯雄所说的"和缓为大法"。这个指导思想经四大医学世家的几代人的发展，形成了孟河医派的特色：轻灵纯正，变通求切，治法灵活。

今天，我们不以医学理论来讨论这三句话中所包含的医学思想，而是从文化的角度来分析这种指导思想产生的原因以及这三句话的内涵。

　　熟悉道学的人一定会知道，孟河医派的这个医疗指导思想是源于道学的，不妨让我们来具体分析一下。

　　孟河地区道教文化源远流长，它深深植根于那个时代中人们的意识深处，并通过潜移默化，逐渐进入人们的潜意识，形成了思维定式。在这片土地上形成的孟河医派的行医方针自然而然地要浸透着道家思想。

　　道学的"无为"思想及"守柔""处下"的行为准则，孕育了孟河医派"和缓为大法"的医疗思想。道家的一系列思想既然早就深深地刻印在孟河地区人们的意识中，在这片黄土地上诞生的孟河医派，必定要基于他们固有的文化基因，有意识或无意识地来选择他们的医疗思想，应用于他们的医疗事业。这时，这种"无为""守柔""处下"的思想起了作用，也许他们认为医病理应如此，所以他们有意识地选择了"和缓"。也许在他们治愈疾病后他们才意识到这种思想的意义，并把它当作经验而推广。总之，他们用"和缓为大法"的指导思想治愈了许多疾病后，这种医疗思想就不断得到加强与发展，并逐步成为孟河医派的特色。

　　综合以上的分析，我们可以清楚地看出一个事实，孟河医派包含的不仅是"医术"，还有深厚的文化，甚至孟河医派本身也成了一种文化。

　　孟河的医派文化是在这个地区固有文化的影响下，随着孟河医派的发展而逐渐形成的。反过来，这种文化又促进了孟河医派的发展。"医术"和"文化"紧密结合，相辅相成，最终使孟河医派成为一个有影响力的地方医派。

4　商埠文化

讨论孟河的商埠文化，主要是讨论孟河商业的特异性及这些特异性是怎样形成的，还需要讨论孟河商业的发展和孟河的交通、经济、人的意识形态之间互相依存和互相促进的关系。把这些问题探讨清楚了，孟河的"商埠文化"也就表述清楚了。

街市因水而生

商业依托街镇，街镇依赖于交通，古时的交通又主要表现为水运。于是，河道、江流就成为街、镇商业形成的基础。孟河的街镇、孟河的商业的形成也是遵循这个规则的。

公元前495年，吴王夫差开凿了"春秋大运河"，船只经孟河进长江，为孟河的商业发展打下了基础，从而有了黄歇来读书、杨贞道来避难、刘秀来"考察"，还有其他许许多多、各种各样的人来了，这些远道而来的人都是勇敢的"探险者"，他们为孟河带来了文化、技术和商机。

公元25年，刘秀下令疏浚河道，形成了"水网化"的格局，"河庄口"成为货物的集散地，孟河的原始商业形成，奠定了"商埠"的基础，从此孟河的发展进入了一个新的纪元。

历史不断向前，河道不断被开挖加宽，孟河的商业也不断地向前发展，孟城北街出现了，城墙形成了，孟河成了周边地区的商业中心。

孟河就这样因水而生、因水而兴，一步一步地走到了民国初年商业繁荣、街市发达的时代。

建筑以人为本

孟河的街道分城内和城外两大部分，主街道长 1300 米，城内、城外各半，城内还有 800 米辅助街道，城外有四巷、一口、三场。目前城外的孟城北街还基本保持原样，现在就以北街为例来看孟河的街道建设与房屋布局。

城北老街是一条典型的明清时代的商业街道。它的特色是：街道两边的商铺或住户的房屋都是前通街、后通河、前店后居的格局；每户的房屋最少是两进，最多是五进，进与进之间有明堂，往往最后一进还有一个院子；街与巷相通，巷成为街的出口，街头有索门，街巷间也有索门，防卫作用良好；街道原是由青石板或麻石板铺成的，宽度以二人各挑一担土（"街"字的象征义）可通行的标准而设计的，6 尺左右，人行走、推车、负重前行都方便；街道下有阴沟和各家各户相通，弄堂中的阴沟接入河道，排水畅通；街东有老孟河，街西有五个池塘，既保证了居民用水，又为发生火灾时提供灭火的水源。

这些特征不仅有利于孟河城镇的发展，也成为展示孟河商埠文化的一个重要方面。

这里的布局和结构设计，是以服务于人为宗旨、以人为本的，所以它才能吸引商人来经商，吸引平民来居住，才能使商业繁荣。这一点不仅是孟河商业文化的特色，也是孟河商业得以兴旺的原因。

经营因儒而盛

每个街镇在建成后，就进入经营阶段，经营是商业的基本手段，也是最终目的，但怎样经营、以什么思想为指导、以什么手段来经营，这就因人而异、因地而异了。正是因为这种"异"，有的街市就渐趋兴旺，有的街市踏步不前，有的街市则凋零衰落。对于商业来说，这是一个最本质的问题，因而它也就成为商埠文化中的一个核心问题。经营思想虽然是由经营者选择，但它又是社会客观环境的反映，是这个地区的历史文化在商业经营上的表现，因为商业文化是地区文化的分支，是地区文化派生出来的一个支脉。

孟河有2500年的历史，在这个地区儒、道、释三种文化都非常昌盛，但不管道教宫观有多少、佛教寺院有多少、信道与信佛的士民有多少，在孟河起主导作用的学说还是儒学，因而指导孟河商业经营的思想来自儒学，孟河的商业文化是以儒学的"仁义至上"为核心。

再来看孟河商人队伍的组成。在孟河商业兴起的过程中，明以前很少有入仕的官员和儒生参与经商，因为在儒家看来，"商"是"求利"的一种职业，他们轻视商业，所以他们也不经商。然而生活又离不开商业，因而他们就利用手中所掌握的行政权和舆论权，从孟河商业兴起的那一刻开始，就牢牢地控制着对商业的管理权，但这种管制一直是理性的。他们对商业的管制表现为要求商人一定要讲诚信，经营时一定要诚实，不追求暴利，不欺骗顾客，他们通过乡规乡约、行约市规和"吃讲茶"的形式来教育商人"诚信"，批评、打击、惩罚不守信的商人，久而久之，孟河商人的"诚信"意识也就形成了。到了清朝，在孟河医派兴起后，孟河地区的商业越来越兴旺了，儒生、官员的从医之风，影响了孟河地区的一些儒士和官员，再加上清朝政府的腐败使他们对从政、从学产生了困惑，于是有的儒士和官员进入了商界，这一定程度上改变了孟河商人队伍的人员构成。若说过去商家讲"诚信"是被迫的话，自此后，孟河的商人注重诚信就成为一种自觉的行为了。当这些官员、儒士经商后，他们不仅自己仍秉承着儒家的"仁义至上"原则，也更严格地要求其他商人守信，因为其他商人的不守信将会直接影响到他们的利益，他们就想方设法来提倡"诚信"，他们所采用的手段不再局限于舆论，而进化到组织和规章制度。从清代开始，孟河就出现了许多"行会"，订立了许多"行规"。这些行规不仅体现了儒学的思想，还更多地符合商业经营的原则。倘若说过去的"管制"是对商业发展的抑制的话，那么到了清朝中叶，行会出现后的那种"管制"，就促进了商业的发展，于是从清代中叶始，孟河商业进入了鼎盛阶段。

总之，孟河商业的兴起、发展、鼎盛都受到儒学思想的影响，也正是因为如此，才有孟河商业的辉煌。更准确地说，当儒家文化走出了"轻商"的桎梏，站在商业的立场上来指导、规范商业时，商业就会走上良性发展的轨道，并走向繁荣。

布局按需调整

若把商居房建筑科学、街道布局合理看作商埠形成的基础的话，那么孟河商业的发展之路就是通过经营范围的拓展、行业的开发、内涵的适时调整进行的。

社会在发展，人的需求也在发展，商业经营也就要随之发展，这样商业才能昌盛。孟河人不仅恪守着儒家公平经营、合法获利的原则，还千方百计地不断调整经营的商业项目，适时开拓新的服务项目，通过不断的自我调节来适时地满足消费者的要求，从而发展自己。

从商品的种类来说，他们先是经营一些老百姓日常所用的生活必需品，再经营一些中高档消费品，还结合孟河宗教文化兴盛的情况，经营各种香烛和祭品，再开展各项服务行业，逐步地从事农副产品的收购、外销。医派兴旺后，药店、各项医疗服务又应运而生，药材的收购、外销也悄然兴起。孟河历朝历代的商人们的眼睛一直在关注四面八方，脑子转动不歇，使孟河的商业总是不停地在调整、在开拓，使它不断向前发展。

从商店经营到"行"的出现，从商品零售到收购、加工、外销，从商业发展到手工作坊、机械作坊……样样件件，别处有的孟河有，别处没有的孟河想办法尽快有。孟河就依靠这一点，一直保持着商业的兴旺，从而形成孟河的商埠文化。

模式趋新而变

孟河商业的经营手段和组织模式也能随着社会的发展和顾客的思维模式、需求的变化而不断变化，使孟河的商业一直处在良性发展的轨道上。

第一是成立股份公司。清末，几个外地回乡的青年学者，见到本地蚕农的蚕茧卖不出去，蚕农受奸商欺诈，出于义愤，组建茧行，但资金有困难。在邱家一个学商的人的倡导下，他们广泛集股，建立了股份制的"公司"（当然那时不叫"公司"，仍称为"茧行"），从而开创了股份制的先例，后来曹家油坊等也相继效仿。

第二是发行股票。有了"股份制公司"的先例后，"股票"这个概念进入了孟河商业圈。自此始，许多较大的店、行、坊、场，当拓展规模或资金方面遇到困难时，就开始发行股票，从此孟河出现了初级的虚拟经济。

接着而来的，就是严格的财务制度和规范的同业行会。要发行股票必须要财务公开，他们迅速地革新了"老式收支账"，使管理模式有了一次大踏步前进。为了相互监督和互通行情，他们又组织了"粮食商会""布业商会""药业商会"等行业商会。其他行业虽没有成立正式的商会，但也有各种形式的"茶会""酒会"。他们还通过"吃讲茶"的形式来监督商家。

后来，各商号开始发行钱币。为了便利商业流通，许多经营品种较多、规模较大的商家开始发行钱币。这里最值得一提的就是百年老店"何义昌"。

何家是在清朝中叶从扬中迁来的，来时其祖先仅挑了一副铜匠担，说穿了就是出身于小铜匠。在孟河地区，经过三代的拼搏，到民国初年他们已开了四爿不同行业的商店，分别是五金行（旧业）、茶叶店、油漆店、嫁妆店（行），他们首先发行自己商店的钱币——这个钱币现在还保存在常州博物馆中。

接着，孟河的郭益泰、曹涌昌和新同泰等商号也联合发行了一角和五角的两种纸币。

典当业也应运而生了。典当虽是一个古老的行业，但在孟河地区却是在清代中叶才出现的，到清末民初，孟河地区较大规模的典当行已有了五家。

孟河的商业就是这样不断地坚持改革，不断地进行创新，总是"紧跟"着时代的步伐。

5 军事文化

研讨军事文化，需要分析军事要塞形成的原因、形成后的特异作用，探讨使用这些军事设施的军事家们的作战谋略、战役的展开、战争的成败等各种情况。结合孟河这个军事要塞的具体情况，拟从三个方面来叙说。

因水设防，因山建塞

孟河东、西两边都有山，两山中间有城堡，城堡内有运河穿过，又濒临长江，这里地势险要，经济发达，又是内河通长江的一个出口。这个地区自然成了各朝各代的军事家、皇帝等所关注的地方，随着城镇的出现，它就成了一个区域性的军事要塞。

传说公元前1200年前后，太伯、仲雍就建了城堡，使其日后成了县、郡治所所在地；这里是吴越争夺的战略要地；东汉时建立"河庄口"，政府派重兵在江畔护卫；齐梁时，这里建兵营"营盘墩"屯兵，建"老虎墩"作为"烟火台"；唐朝时开河设防，宋朝时派驻水兵，设黄山寨；元朝时建"城头上"，以防止民变；明朝时建城，以打击倭寇；清代，这里驻兵1300人，建营田、操场、马路堡、都司府；抗日战争时期，这里是国、共、日、伪四方争夺的军事重镇，此处广建碉堡，成了江防第一线。这一切都只因这里有山有水，可依山傍水设大营。

防御为主，出击为次

孟河要塞是属于防御性的军事要塞，因而它的战略功能以防御为主，出击为次，它的任务是保民安（区）域。在孟河要塞两三千年的历史中，除明清时对付倭寇和民国时攻击日军是属于对外防卫外，其余都是属于对内维持地方的安定、保护人民的生命、财产和巩固地方政权。

根据我们掌握的资料，在孟河要塞发生的最大规模的战事是清朝时淮军和太平天国军之间的战争，双方都动员了成千上万的兵力，打了几天几夜，烧毁了许多房屋，死伤无数。这是一场用最普通的战略、战术来进行的攻守战。在这场战役中，几乎所有的普通战术都用上了，水攻、火攻、炮攻，样样齐全。在一场打击倭寇的战争中，运用了设伏之计，采用了堵塞航道和火攻的战术。由此看来，在孟河要塞所用的战术，基本上是属于传统型的攻守战术，没有什么新的战略、战术。

儒学介入，减少伤亡

纵观在孟河出生的军事家的作为和他们的军事思想，不得不提到萧衍。萧衍是南北朝时著名的军事家，为推翻齐政权，他从襄阳出发，仅用了不到一年的时间就打到建康（今南京），并很快统一了中国的南部，不仅大大地缩短了战争的时间，伤亡也不太多。总结他所进行的一些主要战役，虽双方都有成千上万的军队对峙，规模看似很大，但实际上他却很少打大仗、打硬仗，有的甚至还没有开战就解决了敌人，这是为什么？原来，他千方百计地采取说理斗争，辅以一定的谋略，使对方不战而退，或故意网开一面让对方撤退，不仅取得胜利，还减少了牺牲，更留下了美名。这种把儒家思想巧妙地用于战争、尽最大可能减少伤亡的军事指导思想，可称是孟河军事文化的一大亮点。

这种军事指导思想还被传承下来，在抗日战争时期，共产党员管文蔚领导的丹北抗日纵队也常常运用这种方略，使一个个伪军中队、大队保持中立或倾向于抗日，减少了战争的伤亡。最有力的例证有二：一是陈桂生用计智取观音堂，没有开一枪就把一个中队的伪军缴了械；二是陈毅"劝降"南门汽车站内的汪伪驻军，使他们保持中立，从而既减少了伤亡，又达到了打击敌人有生力量的目的。

六　丰富遗存

孟河地区历史悠久，文化底蕴深厚，又是被史学家认可的齐梁皇室成员的祖籍地——"齐梁故里"。这里的物质文化遗产和非物质文化遗产非常丰富，经过十余年的挖掘、调查、整理，现已基本上把现存的和已流失的物质文化遗产的遗址、遗迹和非物质文化遗产（民风民俗、民间故事、曲艺等）用文字的形式记录了下来。现有的物质文化遗产（遗迹）共计91项，有历史记录但目前已不存，但能找到遗址的文化遗存有28处，非物质文化遗产有92项。现把其中较重要者分类介绍如下。

1　官府衙门

图公所

图公所建于清光绪二十八年（1902），是万绥郑柏龄集资建造的位于万绥街北的通江乡十一都一图的图公所，现尚保存着。

图公所留下的建筑坐北朝南，为三间平房，有门墙和前、后天井，房屋为砖木结构，但已严重破损，有倒塌的危险。由于图公所遗址的历史内涵深厚，现已照原样在原址全部修复。修复后的图公所为两进三间、三明堂、一围墙，恢复了原有的"吃讲茶"的一些设施，以更好地体现它的价值。

图公所机制反映了明、清两代农村的治理模式，它是农村实现民主、自治的一种带有进步意义的模式。其主要表现为，在图公所通过"吃讲茶"的形式来议政和处理各种事务、调解各种矛盾，体现了农村的自治和自决。

通江乡十一都一图图公所

都司府第

《孟城乡志》记叙了孟河设都司的历史，指明最后一任都司为郭开忠，都司衙门设在城内的西驳岸上。都司府第位于孟城北街中部东侧，坐东向西，原有四进，有两天井、一院落，共有房屋16间，另加两厢房。第一进四间为签押房、办事房、轿房，第二进为议事大厅和会客厅，第三进为两层楼房，楼上为内室，楼下为都司书房、休息室，第四进为厨房与饭厅，大院内有假山、花园和一个舞剑池。

西驳岸的都司衙门在咸丰十年（1860）被太平天国军烧毁，清军收复孟河后，有段时间曾把衙门设在都司府第内，后因办理公务不便又迁出。

都司衙门和都司府第的客观存在，说明孟河在历史上是一个重要的军事要塞，显示了孟河在军事史上占有重要地位。

都司府第现尚存第三进的一座三楼三底的楼房和一些家具，其他房屋都已被改造。其现被定为常州市历史建筑而受到保护。

2　皇家遗存

齐、梁两朝的皇族在万绥兴建了许多皇家建筑，有的建筑还存在着，有的已改建，有的还能找到遗址，有的连遗址都找不到，只存在于当地士民的心中。现把主要的遗迹、遗址做简单介绍。

皇家码头

皇家码头原名歇船亭（万绥还有一歇船处），是皇家船只的停靠码头，它位于现东岳庙东边，即原孟渎与浦渎的交界处。传说此处原有一座宽 18 丈的石级码头，上岸后有廊道，码头和廊道上都盖有廊顶，廊道上有木板坐榻，周边还建有多个凉亭，种有许多花草树木，似一座花园，占地约 20 亩，现仅存遗址，当代人竖石碑纪念。这里曾是当年萧氏族人入居武进东城里的登岸处，萧家在这里建皇家码头，深含纪念先祖入居此处之意。

皇家码头存在的价值有二，一是说明了这里是齐、梁两朝皇帝的祖居地，二是说明在 3 世纪时，孟河地区的水运已相当发达。

皇家码头遗址

罗妃桥

罗妃桥在现在万绥街道的东边，桥还在，但是河已塞。

相传，萧衍有一个姓罗的妃子，人们称她为罗妃。这个罗妃是萧衍最爱的一个妃子，但她因留恋故乡孟河，不愿到京城去，萧衍就为她在故里造了一座外宫，建了一个花园。万绥的一条河道上有座独木桥，老人、小孩往来不便，常有溺水现象，仁慈的罗妃自己花钱造了一座石桥，萧衍赐名为"罗妃桥"。

罗妃不是正史认可的萧衍嫔妃，但罗妃桥客观存在，且罗妃的故事在本地一代又一代地流传，足以证明她是一个有可能存在的人物。立足于此，罗妃桥存在的价值就不仅是作为一座小桥，还在于有关萧衍皇帝的"宫外情"及罗妃在民间的影响力。

万岁里

据《武进阳湖县志》记载，孟河万绥的"万岁里"是梁武帝萧衍的祖宅所在地。据史书记载，它北起现在的万绥中心校（即原南寺旧址），东至老浦河，南至蒋家巷，西至现在的兰陵路，万绥老街及街两旁的一些房屋都被包含其中。由于这个区域中原有许多齐、梁两朝各个皇帝的家庙，如皇业寺、智宝寺等，且这些寺庙又都建在南朝，这些寺庙被统称为"南寺"（即南朝的寺庙），所以万岁里又称为南寺里。这片地区面积很大，这里的建筑不是皇族的住宅就是皇帝的家庙，古籍上有"跑马关山门"之说，由此可知它的规模。

万岁里的存在，证明了萧衍的祖居地在孟河，他的家庙也在孟河，更坐实了孟河是齐梁故里的事实，也说明那时萧氏家族规模的庞大。

3 寺庙楼阁

九龙寺、玉皇殿、旃檀禅寺

据《黄山旃檀禅寺碑记》载，梁武帝萧衍崇信佛法，建造寺院，供佛庇僧，名九龙寺。当时的九龙寺建在黄山南麓的山坡中部，山脚下建九龙寺的辅院，为梁武帝智宝寺功德院，供志公和尚修行，还扩建了原山顶的玉皇殿（阁），形成了上、中、下三庙一线的格局，建筑很精致，气势很宏大。这几座宫观（玉皇殿）、寺院（九龙寺及辅院）毁于元朝初年的战火，明代修复后，在清咸丰年间又被太平军烧毁，后由本地僧人僧常和经20余年的化缘，在清光绪初年再次修复。僧常和的义举受到清光绪帝的表彰，修好后的寺院被光绪帝命名为旃檀禅寺，山下的辅院改为三间三进，名为九龙寺。这次修复时，三个庙的规模都被缩小了，山顶的玉皇殿只有三间两进，中间的九龙寺由原来的99间减为48间。光绪帝赐名后，当时曾刻碑纪念，黄山旃檀禅寺碑现保存在孟河镇九龙村村委，为青石石碑。《黄山旃檀禅寺碑记》由宜兴潘嗣同撰文、武进"无闷居士"屠寄书，碑记字体为正楷，字迹清楚，全文记述黄山、九龙寺、旃檀禅寺的历史。

黄山上的这三个庙，有很深的文化意义。一是，三庙体现了萧衍的三教圆融的思想；二是，九龙寺是萧衍的皇后郗徽的宗庙，代表着魏、晋、南北朝时的"宗庙文化"，体现出了那个时代"天人合一"的思想；三是，这里是佛教中较大规模的法会——"梁皇宝忏"和"水陆法会"的发源地。梁朝的国师志公大和尚根据萧衍的《慈悲梁皇宝忏》而编排的超度皇后郗氏和阴、阳两界众生的这两个大型法会，一直流传至今。

现在山脚下的九龙寺尚存，其中大雄宝殿被定为常州市文物保护单位，山腰的旃檀寺、山顶的玉皇殿仅存遗址。

现存的九龙寺，在20世纪四五十年代曾一度改作他用，后在"文化大革命"中大部分被拆除，仅保留了大雄宝殿。"文化大革命"结束后，该寺作为武进县第一批恢复宗教活动

的场所，由住持大师逐步修建，形成目前的格局。现占地 15
亩，建有大殿四进，其余有屋宇 40 余间。

九龙寺的大雄宝殿

皇业寺、智宝寺

萧道成当了皇帝后，依照当时"舍宅为寺"的习俗，把
自家位于东城天子路旁的祖宅改为宗庙，名为皇业寺，又名皇
基寺。此庙在朱温造反的战火中被烧毁，后未复建，它的遗址
在今天的万绥镇区西侧的西沟桥至茶场以北。

智宝寺又名"慧炬寺""兰陵寺""万岁寺""南寺",是梁武帝萧衍故宅所在地。《咸淳毗陵志》记载:"智宝禅寺,在县北七十里万岁镇,梁武帝旧第,天监七年舍为院,名'慧炬',伪吴天祚间重建,太平兴国中改今额(即智宝寺)。"清光绪十四年(1888)的《武阳志余》记载:"梁武故宅在阜通镇,天监七年舍为智宝寺。"宋胡苍梧(字德辉,常州人,进士)有诗云:"六朝烟尘息,千年象教尊,衣冠想故里,聚落见荒村。"明洪武年间(1368~1398),寺院重建。至清朝后期,又曾重修寺院,因此寺系南朝梁时始建,遂更名"南寺"。

原万绥中心小学的大银杏树北五尺,是三间两层木结构楼房,中间一间供奉梁武帝(里人称萧梁王)和智宝禅师(里人称志公和尚)二尊木偶像,20世纪40年代末被拆毁。楼房东接六间平房,名"无通庵",即原来的"慧炬经堂",原由未婚净女主持,20世纪40年代末被遣散。中心小学南面原有南寺大殿三间,称"金刚殿",是南寺正门。正门上面有清朝秀才汤冠三书写的"敕建南寺"门匾残迹("敕"字已落)。

在20世纪60年代,智宝寺所有的建筑都被拆,现仅存银杏树一棵和一大片遗址。

这两个寺院都是皇家宗庙,证明了魏、晋、南北朝时"家庙制"的客观存在,对研究那个时代的宗教文化是有特殊意义的,它们还证明了齐高帝和梁武帝的祖籍地是孟河。

东岳庙

万绥东岳庙最初建于齐朝,扩建于唐贞观五年(631),建成后被唐太宗命名为"万岁东岳行宫",现为常州市文物保护单位。

万绥东岳庙为道教寺院，现存大殿为清道光二十六年（1846）重建。三间大殿坐西向东，为单檐歇山顶、飞檐翘角，气势雄伟。

东岳庙是全国唯一的一座以"万岁"命名的寺院宫观。后来，因战乱和火灾损毁，该宫观历经多次修建：南宋嘉定四年（1211），重建；明嘉靖十七年（1538），增建南、北两廊十八间；清顺治年间，将后殿五座楼、十五梵宇全部扩大改建；清康熙十三年（1674），再次大修；此后在一场大火中，东岳庙尽毁，于康熙三十九年（1700）重建落成，道光年间整修时改建了戏楼。

东岳庙经过数度改扩建后，形成了长 92.8 米、宽 46.5米、面积达 4375.2 平方米的雄伟建筑群。它富丽庄严，是沿长江七十二座东岳行宫中最大的一座。

东岳庙内现存的大殿的基础建筑建于明朝，其他建筑是在清道光年间修复的，保存较好。

东岳庙戏楼为附属建筑，位于山门内，坐东向西，台口直对东岳大殿，为歇山顶、砖木结构，屋脊作大梁翻筋，屋檐翘起，高出屋面，发八角合顶，中绘藻井。戏场可容纳 2000 名观众。台口两侧柱上有对联："离合悲欢天下事如斯而已，生旦净丑世间人尽在斯焉。"台口中间的悬匾曰"作如是观"。后台板壁上记有清末民初浙、皖、沪等地来此演出的戏班名称、剧目、主角姓名等，具有一定的史料价值。

万绥东岳庙戏楼是省级文物保护单位，属清代建筑，体现了特殊的戏楼风格。

东岳庙中的东岳大殿

吉祥寺

318 年，萧整带领族人来武进东城里（今孟河万绥）定居。他带领萧氏家族迅速复兴，安排部分人去刘宋参加刘裕的"北府兵"（这是晋朝时的名称，刘宋时已更名），安排另一部分子弟攻读经史，后来他的第五代孙萧道成掌握了刘宋的军权，于479 年建立了齐朝。这时，萧道成依据当时的习俗，把早已去世的萧整的故居改建为"吉祥寺"，当作萧整的家庙，后来萧家的子孙又在此栽了一棵银杏树，以资纪念。依照家庙文化中的"天人合一"理念，萧氏族人一直在那里守庙，守庙者一代又一代坚守，直至20 世纪40 年代末才撤走。

萧整使萧氏家族在武进扎了根，并逐步走出去，萧氏家族不仅建了齐、梁两个朝代，还出了一大批文人，南兰陵萧氏成为当时少有的一个辉煌家族，萧整也就成为南兰陵萧氏的一世祖。

吉祥寺虽几经战火，但后来几经修复，现还存在着，特别是萧氏族人为纪念他们的祖先萧整所栽的那棵银杏树，至今还枝叶茂盛，象征着萧氏家族的繁荣。凡是来这里参观的萧家人总是要摘几片树叶带回去做个纪念，现在这棵银杏树，树干周长5.2米，树高27.34米，有千年以上的历史。

吉祥寺中的千年银杏树

4 古街古巷

孟城北街

孟河孟城北街全长 562 米，街道宽 2 米，原用青石板铺设，呈南北走向。街两边是前店后居的民宅建筑，为砖木结构。街道原为封闭型的，由三个弄堂和一个堂口、一个索门与外界相通，人们可由北门吊桥通过北城门入城。索门外有行场（贸易市场），行场北是手工业作坊区。

孟城北街在汉代"河庄口"时代就有了雏形，于明朝嘉靖三十三年（1554）开始增修、扩建，逐年延伸，到 20 世纪 40 年代末已占地 4.4 万平方米。现在的老街拥有明、清建筑 668 间，占地 16481 平方米，有民国时期的建筑 63 间，占地 2610 平方米，有现代建筑 100 间，占地 3108 平方米（以上统计不包括最北边 80 米长的工业作坊区的建筑）。

孟城北街较好地体现了明清时期商业街道的建筑特色。益泰酱园体现了从清代的木排柱建筑向木过梁建筑的过渡；顺来园茶店为前通街、后通河的格局，其进深、走马楼、屋内的家具等充分表现了清代的建筑风格；东亚客栈由于曾作为日伪军司令部，这座民国初年的建筑融进了东亚民族的装潢风格；这里还有孟河营的统帅——都司居住的府第，显示了这个地区的悠久历史。

北街的另一特色就是有众多的弄堂和栅门。北街的主要弄堂有孙家弄堂、王家弄堂、费家弄堂、唐家弄堂和一个堂

孟城北街

口——白家堂口。每个弄堂的入口处都建有栅门，弄堂下面有下水道和街道下的"阴沟"（下水道）相通，能较快地把街上的积水排到街东的孟河中去。其中最有特色的弄堂是孙家弄堂，长60米，弯弯曲曲，大有"曲径通幽"之趣。白家堂口是一个较宽大的弄堂，堂口就似现代所说的"街心广场"，这个"广场"被称为"菜市口"，原为明清时期的刑场。

北街"行场"

　　孟城北街的"行场"是随着孟河商业经济的发展，在清末兴起的。所谓"行场"，即今日的"自由市场"，买、卖双方自由交易，由一"行头"提供场地，代称量，代记账，代收付款，必要时帮助双方议价，还提供仓储服务，"行头"收取一定比例的手续费。"行场"的出现意味着孟河的商品交易发展到一个新的阶段，它在一定程度上给了买、卖双方自由贸易、自由定价的权利。

"行场"原占地 30 余亩，长 130 米，宽 80 米，两边建有一些固定的建筑，作为办公场所和货仓，交易一般在门前的广场上进行。经营的商品以粮食为主，竹器、木器、陶瓷、布匹等都有，还另辟"牙行"，经销牛、马、羊，还有小猪行、木行、竹行等，应有尽有。

万绥老街

万绥老街是一条与老孟河并行的古街，目前在街道东侧尚存有一些明清时期的建筑，街西的古建筑已拆。街道现长 250 米。

万绥老街是在晋朝时兴起的，它曾是武进县治。318 年，萧氏家族入居后，由于人口增加，孟河的经济逐趋繁荣，这条街道的长度达到 2000 余米，从现在的东岳庙延伸到吉祥寺。当时由于此地经济发达、地位显赫，曾长期作为武进县治、兰陵郡治。在 907 年朱温造反时，万绥老街被毁，此后，一直未能恢复昔日的繁荣。

5 民宅故居

费伯雄故居

费伯雄故居先后被武进县和常州市定为文物保护单位，位于孟河镇大南门 7 号，建于清代。

故居坐西朝东，占地 1040 平方米，大院中间的三间正房为老宅，后进五间为改建，老宅面积为 81.2 平方米，新建面积为 159.2 平方米，北围长廊面积为 150.7 平方米。

费伯雄故居

故居始建于 1770 年，修复于 2007 年，有雕花门楼、飞檐围墙，内倚走马长廊，整个大院由杂石铺地。故居正屋为灰砖黑瓦、木结构，三间，后沿为雕花木格门，屋内为木板隔墙，地面铺"箩底砖"，整个建筑古典雅致。大院后部有花园，虽为改建，但基本是按原貌复制。

费伯雄故居是在清代经十余年逐步建成的，原占地 4.5 亩，有房屋百余间，在咸丰十年（1860）被太平军烧毁，仅留下两幢六间。2007 年，在其中一幢三间的基础上修复了故居的一部分，又在原址修复了围墙、走廊、亭院和五间正厅，但远没有恢复原建筑的规模。现在在正厅里辟有"孟河医派陈列馆"，供游客和瞻仰者参观、访问。

马培之故居

马培之故居位于孟河镇河庄南路 38 号、40 号、42 号。

马培之故居建筑面积为 329.8 平方米，共三进，原每进五间，第一进为堂屋，第二进为厅屋，第三进为楼房，后面还有一个院落，现在第一进仅剩四间，第二、第三进还完好。后花园宽阔，总占地面积为 1092 平方米。

该建筑现从外表看有些破败，但内部的构件都保存较好，雕梁画栋、拱形天花板、格子窗、木楼梯等一应俱全，为典型的清朝建筑风格。

马培之故居现为常州市历史建筑。

巢渭芳故居

巢渭芳故居位于孟河镇小南门东 75 号。

原建筑建于清朝末年，有三进：第一进为门楼，第二进为厅堂，第三进为楼房，每进三间。第一进为门房和所带生徒住宿、吃饭的地方，第二进是大厅，为巢家诊病的地方，第三进是楼房，为内室。第一进与第二进、第二进与第三进之间有天井，第三进后有一个很大的院落，院落中有一座小巧别致的"小姐楼"，院内还有副房，供制作中药材所用。在第二进厅屋的西侧，院内有一个通道，是为女性病人就诊而专门开辟的，女性病人不能经正门到大厅看病，只能从屋旁的弄堂进入天井，从后门进入大厅就诊。

该故居现保留第三进的三开间的二层楼房。该楼房为硬山式砖木结构，有精美木雕，坐北朝南。楼房内原来的各项装饰尚保存完好，但房屋外表已破败不堪。后花园还保存完好，园中的"小姐楼"已倒塌。现已在原址开始复建，以恢复原来的模样。

巢渭芳故居现为常州市文物保护单位。

丁甘仁故居

丁甘仁原故居已被毁，现有的故居为孟河医派传承学会投资复建。经过两年多的设计、施工，现一期工程已基本完成。复建后的故居所在地被命名为"孟园"，该工程由修建苏州留园和网师园的江南古建筑名家主持，所有建筑均按照传统江南古典园林的制式精心营建，堪称传世之作。

此外，丁甘仁故居的纪念碑亭由著名医学家吴阶平先生题写碑文，"丁甘仁故居""孟园"七个大字由丁济万的弟子周愚山先生题写，桃李厅匾额"桃李满天下"五个大字由丁济万的弟子、国医大师裘沛然先生题写。

白家民宅

白家民宅位于孟河镇孟城北街 30 号、31 号。

房屋为青砖灰瓦、木结构，屋内地面全部铺设"箩底砖"，房内、屋外有精致的木雕、砖雕和石雕。这座建筑坐东向西，第二进为主楼，两边有厢楼连接，楼房高 7 米，雕梁画栋，精致典雅。第三进的房屋原为平房，现已翻修为现代楼房。

白家民宅是孟河在民国初年首批出现的有现代建筑风格的民居之一，现为常州市文物保护单位。

顺来园茶店

顺来园茶店位于孟河镇孟城北街 46 号。

该建筑原为明代建筑，后在清代康熙十年（1671）翻建，坐东朝西，前至街心，后至河心，占地面积为 830.79 平方米，五间五进。第一进为街面五间，第二进为正厅五间，第三进为宅楼五上五下，第四进为副房五间，第五进为柴屋小五间。第一进与第二进间南侧有厢房，第二进与第三进间两侧有两间厢楼，有两个天井、一个院子。其现为常州市文物保护单位。

顺来园在建筑学上的价值有二：一是，它是典型的清朝建筑风格；二是，它是本地区大户人家前通街、后通河、一户独占一幢、前店后居的商居两用房的典型。它在社会学上的意义是，设在这幢民居内的顺来园茶店不仅供顾客饮茶，它还是一个"文化中心"，逢年过节有说书、唱戏之类的表演，又是"吃讲茶"的场所。这几个意义的叠加，使它具有多重价值。

益泰酱园

益泰酱园位于孟河镇孟城北街 143 号。

益泰酱园建于民国初年，青砖灰瓦、砖木结构，二层楼房，两间，坐西朝东临街，由一根长独木为主组成的"人"字梁承重，是排柱式古建筑向"人"字梁式的现代建筑过渡的一个典型，并由此表现出了与传统建筑不同的风格。前为店面，后为酱品作坊。大门为石库门，为两扇开，由镀锌铁皮贴面，门上布满铁钉，门楼上刻"益泰酱园"四字。此建筑是本地区商业文化兴盛时的代表建筑，说明孟河的商业已进入了一个成熟的阶段，现为常州市历史建筑。

朱一凡民居

朱一凡民居属传统民居，位于孟河镇朱家埭 3 号。

该建筑为硬山式砖木结构，坐北朝南，宽 19.5 米，进深 15.4 米，占地面积 300 平方米，有正厅五间及一庭院，两侧有厢房，门楼高 5.2 米，厢房高 5.2 米，正厅高 6.7 米。这是一座四合院式的建筑群，由院墙、门楼、两边侧厢及大厅主房构成，主房雕梁画栋，门楼上镶着题有"和气致祥"的石刻匾额，为青砖灰瓦、木结构。这是一座典型的乡村士绅人家的民宅，现为常州市文物保护单位。

6 军事遗址——孟河城

《武进县志》载：

> 明嘉靖三十三年（1554），筑孟河城，置兵以御倭寇。

《孟城乡志》载：

> 明朝初年，倭寇"自京口而下，惟河庄口贼可深入，从长江入孟河抵奔牛赴府城，至便且易"。故明王朝派兵一千六百名、沙浆船五十艘驻此防守，并把孟河寨改为孟河堡。

孟河城墙由明朝的御史孙翊奉旨修建。该城墙围长三里，有五个城门，东门叫通江门（表示通长江），南门叫定常门（表示和常州相通，并有保护常州的作用，俗称大南门），西门叫达润门（由这里可到达镇江），北门叫翊京门（这里有两层意思，第一层意思是出了这个门就可以直达北京，第二层意思是为了纪念建城者孙翊，表示是由孙翊从京城领了圣旨来造这个城的）。南面偏西还有一个城门，叫通信门（这是连通驿道、用以传递信息的城门，俗称小南门）。老孟河自南向北穿城而过，因而城墙上有两个水关，分别叫南水关和北水关。水关上设有管理船只进出的关卡，城四周全部开挖了护城河，城门口都有吊桥，从而保护了孟河城的安全。

孟河城堡规模虽然不大，但结构严密，是一座防御式城堡。城墙上有箭垛，城门坚固厚实，四个城门上方都有城楼，城墙上有马道，城外有护城河，内城河上有六座桥沟通东西，即南水关桥、水门桥、德胜桥、太平桥、文武桥、北水关桥。城内除内城河可作水源外，还有马坊沟、西林池等8个池塘和40余口古井，保证了城内居民及驻军饮水，还有一个大粮库，常年储藏大量粮食，保证了战争时代的生活用粮。孟河城堡具有了防御式城堡的所有特征。

孟河城在20世纪50年代被拆除，仅留下定常门处的遗址，现在原址复建了一段城墙和定常门，但规模比原来的小多了。

7 手工作坊

手工作坊是随着孟城北街的出现而出现的，早期它们集中在北街的南端，街道的两旁布满了各种传统行业的作坊，如铁匠铺、木匠铺、银匠铺、糖果铺、点心铺等。这时作坊是以铺（坊）为主、以铺代店的原始模式，其中最有名的是邱家糖坊。

到清朝中期，北街中段繁华地段内也出现了一些商业作坊，作坊生产的物品由自己的店铺销售，采用前店后坊的模式。铺（坊）为店服务，以店为主，店内在经营自己的产品的同时还经销其他的产品，甚至包括同类的产品，这意味着一种进步。其中最有名的是邱家糖坊。

到清末，大批的作坊在北街行场北端兴起，这些作坊是"工厂（场）性"的作坊，是以生产为主，很少门售，产品大批量外销。这里最典型的、最有成就的要数财神庙的丝绸作坊，其产品——"孟河绉"曾两度获巴拿马金奖。规模最大的要算曹氏油坊，它采用机器榨油，在孟河地区开机械化生产之先河。由此可知，那时的手工作坊的生产水平已相当先进。

邱家糖坊

邱家糖坊位于孟城北街原菜市口附近，是拥有两间三进、两天井、一院落的一座作坊。从外表看这个作坊很不起眼，但这里生产的各种麦芽糖制品源源不断地销往大江南北，以"贯香酥糖"最为有名。许多上海居民都知道这种产品，他们称它为"孟河酥糖"，这种酥糖的特点是酥而脆、香而不黏、不粘牙，吃后回味无穷。

现此处还存有原作坊的一些破旧的房屋。

财神庙丝绸作坊

1915 年，孟河的丝绸产品"孟河绉"曾获得巴拿马万国博览会金奖，这是常州市获得的第一个巴拿马金奖，从这个产品的名称就知道这是产自孟河地区的丝绸。因作坊办在行场北端的财神庙内，人们习惯称这个工场为"财神庙织造坊"。

财神庙现已被拆毁，现仅存遗址，但这个作坊所制造的曾获巴拿马金奖的孟河绉不仅驰名中国，还扬名于海外。这说明了清末民初孟河地区手工作坊的发达，"孟河绉"在某种程度上也代表着江南地区织造工艺的水平。

8 古碑陵墓

古碑

东岳庙奉宪勒石永遵碑 东岳庙奉宪勒石永遵碑现保存在万绥东岳庙碑廊中，碑名为"万岁东岳行宫碑记"。该碑高 1.25 米，宽 0.65 米，厚 0.16 米，青石质。碑已残缺，风化严重，有裂纹。该碑是在康熙年间重修东岳庙时留下的记录，原竖在庙场的南侧，后因重修寺庙被埋入土中，2008 年，庙内整修，重建财神殿时从土中挖出许多石碑，其中就有这一块价值较高的石碑。这块石碑不仅记录了东岳庙的修复过程，还记载了东岳庙在历史上曾被命名为"万岁东岳行宫"，由此提升了东岳庙的价值。

议图碑记碑 议图碑记碑现保存在孟河郑塔村北 150 米处的郑塔纪念堂前，它是一块清朝的石碑。碑高 1.06 米，宽

0.59 米，厚 0.21 米，青石质。此碑刻于清嘉庆二十年
（1815）秋，当年，通江乡十一都一图十个村各派员集会，商
议缴纳公粮的新章法，故立此碑存照。

陵墓

泰安陵 在孟河万绥有两处皇坟遗址，其中一处应为齐高
帝萧道成的陵墓——泰安陵，另一处是萧氏皇族的灵柩埋葬之
处。泰安陵属帝王陵寝，位于孟河镇万绥孔村西边。现在留存
的皇坟遗址是一片 30 米见方的高地，上面列有一块石碑，石碑
正面刻有"齐梁皇坟遗址"六个大字，背后有一段详细的文字
说明。

齐梁皇坟遗址

《南齐书·高帝本纪》记载：齐高帝"窆武进泰安陵"。
据清道光年间的前文：《武进阳湖县志》载："泰安陵在武进

县彭山，南齐高帝及昭后刘氏所葬。"据清光绪年间《武进阳湖县志》记载，齐高帝萧道成的泰安陵在武进县通江乡。南兰陵有两处皇坟遗迹，这是其中规模较大的一处，应为齐高帝萧道成的泰安陵。

丁甘仁墓　丁甘仁墓位于西山的凤凰山，原为土盖圆拱墓，后加盖水泥，墓前有墓碑，记述了丁甘仁的生平。墓碑前有墓廊，廊前有墓地，颇具规模，现保存良好。

丁甘仁墓

丁甘仁是当时著名的中医，在国际上也有深远的影响。据史书记载，他去世后有8个国家的使节来吊唁，他下葬时，棺木从上海运回，在孟河南门码头上岸后，送葬的队伍长达十余里。

东山烈士墓群　东山烈士墓群葬有孟河籍的五位革命烈士。他们是恽剑英、周川法、孙春度、徐敏、陈桂生。墓群位于东山东麓、东山海军基地南侧。墓地为水泥墓缘、大理石墓碑，墓正前方有水泥铺设的台阶墓道，墓道约长25米，墓道上方是一片开阔地，开阔地上屹立着五块墓碑，墓碑后为水泥墓。墓群坐西向东，墓群区后侧及南、北两侧种有苍劲的松柏，使墓群显得庄严、肃穆。

这五位烈士牺牲在不同的革命时期，他们的英勇事迹在孟河人人皆知。每年的清明节，不仅各类学校组织学生去祭扫，各民间组织和社会人士也都去吊唁，形成了缅怀革命先烈的良好风气。

9 非物质文化遗产

孟河镇在非物质文化遗产普查中，登记了 95 项各类遗产，有 75 项被列入非遗名录，11 项已进入各级非物质文化遗产名录，其中国家级 1 个、省级 2 个、市级 4 个、区级 4 个。

现列举几项，介绍如下。

万绥猴灯

万绥猴灯是孟河巢氏家族在 300 年前创作、演出的一项民间文艺节目，现已被列入省级"非遗"名录，正在申报国家级"非遗"项目。

猴灯舞起初是在每年春节期间表演。那时每年春节前一个月，"会首"就要筹备演出事务，组织人员排练。演出于正月初一开始，表演前先到魁星阁祭拜，一般先在村前场地上表演，再到每户拜年，然后才开始出村巡演，至灯节的最后一天即正月十八，演出结束。

舞猴灯的演员一律戴特制猴面具，穿猴衣，以杏黄色猴旗、四"猴"倒走开道，群"猴"按老、中、小的顺序列队前行。在锣鼓伴奏声中，众"猴"持镗叉及棍棒等器具，先后表演"魁星戏猿猴""单猴造势""双猴出击""台猴聚会""五猴穿跃""双棍孪腾""九猴造型"等各种套路，淋漓尽致地展现了蹲、翻、滚、打、抬、挂、叠、跃等表演技巧。"魁星"的扮演者（旧时为族长）只有在"魁星捉老猴"时，方可戴面具上场。猴灯舞的整个表演过程约需两个小时，参演人员最少为22人，人多时可达到近百人。

猴灯舞

斧劈石造景艺术

孟河镇境内的小黄山等山脉原处于长江之畔，这些山脉的山石由于材质较特殊，再加上经过数千年的江风吹袭、江水冲击，风化后形成了千奇百怪的片石，人称"斧劈石"。早在

1000 多年前的宋朝，当地人就用孟河斧劈石精制盆景，作为贡品进献皇室，有的作品至今仍被收藏于北京的故宫博物馆。这种盆景典雅精致，被视为珍品，其制作技艺在民间一直以"秘传"的方式传承。

斧劈石造景作品：危崖山居

孟河太平青狮

孟河太平青狮是孟河巢氏家族于 1500 年前在宫廷艺人和江南民间艺人创作、表演的基础上提炼、加工而形成的民间舞蹈表演，现已被列入市级"非遗"保护名录。

孟河太平青狮一般在举行重大节庆活动时展演。展演有两种基本形式：一是游狮，二是演出。游狮一般在举行庙会和过年过节时进行，演出应用于各种庆祝活动中。

孟河太平青狮集中展现了狮子的各种动作，把狮子的那种刚毅、威武、勇猛、顽强的个性表现得淋漓尽致，但也没有忘记展现公狮与母狮间的情感交流。在热烈、雄壮的诸场景中，时而出现几组狮子嬉戏、私语、亲吻的动作，使人们在狮子的威武中看到了狮子的深情，体现了孟河青狮的一大特征。

孟河太平青狮出场时的表演人员一般为30人，但因这是一个高强度的表演，调狮出场的演员虽只有4人，在表演时需经常替换，一般得有50~60人，所以这支队伍人最多时达130人。

孟河太平青狮表演时，所用的乐器为锣、鼓、钹、磬，舞狮时乐曲的节奏性一般很强，乐曲还能引导狮子的舞蹈动作和调动观众情绪。

孟河太平青狮起源于齐梁皇室的宫廷表演，唐朝时此宫廷舞蹈流传到民间，宋朝时它和军中的狮子舞融合，这三个阶段的发展，使孟河青狮的表演既能体现皇家风范，又能表现军营威势，还带有江南的吴乡风情，因而使它以别具一格的风姿傲立于众多的狮舞之中。

固村太平青狮舞

孟河四爪太平神龙

四爪太平神龙是孟河地区的民众在普通舞龙表演的基础上创作的一项特殊舞龙表演，现已被列入市级"非遗"保护名录。

孟河四爪太平神龙最主要的特征是在普通"龙灯"的基础上添上了"四爪"，这"四爪"使它不仅区别于其他的"龙灯"，还被赋予了文化意义和艺术价值。

孟河四爪太平神龙

孟河四爪太平神龙在文化上的意义是：它用"四爪"向倭人等妄图欺压中国人的侵略者宣示，中华民族是不能被欺侮的，而龙的子孙又是祈求"太平"的。孟河舞龙人随着社会的变化一次又一次地对它进行改造，不断地丰富、提升它的文化内涵，终使它在别具艺术特色的同时，也形成了自己的文化追求，那就是"祛邪辟恶、祈福人间"。

孟河四爪太平神龙由于在结构上有了"四爪"，在艺术表演上不仅凸显了"龙"的本性，还增添了表演元素，丰富了舞龙的艺术技巧，使其比一般的"龙灯"表演多了几许风韵。

八斤鳝丝面

孟河的八斤鳝丝面，是本地区特有的一种以鳝鱼丝为拌料或汤料的美味面条。

苏南地区有一种鱼，称鳝鱼（又叫长鱼），它生活在水中，冬天潜伏在洞里，到小暑时，食用最佳，俗语说"小暑黄鳝胜人参"。苏南人以米食为主，但也食用面食。当地人把鳝鱼也引入面食中，从而制成了鳝丝面。

七　今日风采

在 20 世纪末掀起的新一轮农村改革的浪潮中，孟河镇调整了过去以农副业为主、以工业为辅的发展思路，转变为：紧紧围绕全国重点中心镇和历史文化名镇建设两大目标，大力实施"生态立镇、文化兴镇、产业强镇"三大战略，积极推进"一镇四区"（中心镇区、旅游开发区、现代农业园区、生态农业区、汽摩配产业区）建设，不断探索旅游带动型城镇建设的新途径。在农业上，继续加大农业发展的步子，走生态农业的道路；在工业上，发挥自己原有的优势，走汽摩配零件的产、研、发同步发展的路子；重点发展以旅游和服务业为主导的第三产业，形成农业、工业、第三产业同步发展的战略思路。经过几年的努力，上述发展战略已初见成效。

1　经济蓬勃发展

农业经济生态化

孟河原是一个以农业为主的地区，主要种植稻、麦等粮食

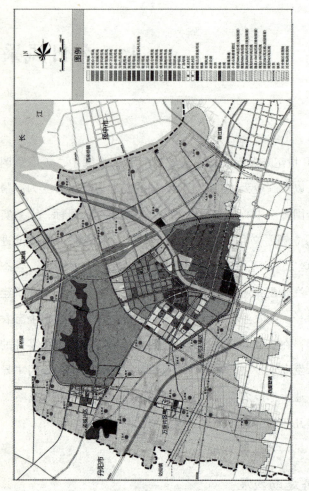

孟河整体规划图（2014～2030）

作物和药材、花卉等经济作物，这种格局延续了 2000 年，使孟河的经济总在原地踏步，必须要进行改革。当代的发展思路仍然以发展农业为本，但必须要走发展生态农业的道路。所谓"生态农业"，是指运用生态学原理，在环境与经济协调发展的思想指导下，应用现代科学技术建立起来的多层次、多功能的综合农业生产体系，能在有限的土地空间创造出更大的效益。生态农业既能对农业发展起促进作用，解决现阶段面临的"三农"问题，又能对生态环境起保护作用，实现生态平衡，并朝着资源多功能分配和利用、循环式发展、多种产业共同受益的方向发展。经过多年的努力，经过不断的探索改革，孟河镇于 2013 年 12 月 18 日在江苏省政府批准下成立"江苏省新北现代农业产业园"。

新北现代农业产业园区，总面积为 4.25 万亩，一期工程占地 2.3 万亩。园区以稻米和蔬菜种植为基础产业，开展高标准农田工程建设，完善配套基础设施，基本达到了"田成方、路相通、林成网、渠相连、土肥沃、旱能灌、涝能排"的标准。

目前园区已拥有无公害农产品 29 个、绿色食品 5 个、有机食品 1 个。进驻园区的骨干型蔬菜生产企业有江苏大娘农业投资发展有限公司等 30 余家，产品主要有各类时鲜叶菜类、果菜类和芦笋、紫山药、金瓜、无花果等，初步形成了蔬菜工厂化育苗—基地种植—成品菜收购加工的完整蔬菜产业链。

园区发展的总思路是率先基本实现农业现代化，充分凸显发展现代农业的优势，为实现全面、协调、可持续发展提供一个样板。园区在发展过程中以科学规划为引领，以高新农业科技为支撑，以重大项目为抓手，通过发展工业和服务业，坚持高起点规划、高标准建设，以优质稻米和有机蔬菜产业为基础，重点发展种源农业等高新农业产业、涉农深加工及贸易产业、特色高档园艺花卉产业、生态农业旅游观光产业。

除这个省级的农业现代产业园外，孟河还有三个规模较大的分别生产水稻、林果和园艺产品的生态园。这三个产业园的产品都通过了国家级绿色食品和有机产品的认证，被销往全国各地。

出于产业化的需要，孟河还组建了 5 家以大农业为主体的经营企业。它们集研、产、销于一体，不仅生产无公害的绿色食品，担负了科研任务，还建立了"一条龙"的销售网络，不仅能很快地把科技成果转化为生产力，还能及时地把产品推向社会，有力地促进了地方经济的快速发展。

大力发展汽摩配产业

孟河镇的乡村（社队）工业发展较早，基础较好，在 20 世纪 90 年代初又率先发展民营企业，经过几年的发展和重组，形成了以汽车、摩托车配件生产为龙头的产业链。在这个基础上，经过几年的努力，孟河镇在 2009 年 11 月，被中国机械工业联合会定为国内唯一的中国汽摩配零部件产业基地。

基地现有工业企业 800 余家、个体工业户 2000 余家，主要生产汽摩配件、通信器材、精细化工、纺织、机械等产品。特

别是孟河的汽摩配产业，经过 30 余年的发展，已拥有相当大的
规模，基本形成了一个专业市场（江苏省小河汽摩配件专业市
场）、两个工业集中区（富民工业集中区和通江工业集中区）以
及 3 个服务机构（常州市汽摩配行业协会、江苏大学车辆产品
实验室灯光检验室和常州孟河汽摩配件技术服务有限公司。通
过这些平台，基地与中国机械工业联合会、中国汽车零部件工
业公司及各地的客户建立了紧密的合作关系。

在发展汽摩配产业的过程中，孟河坚持建好一个基地、搭
好一个平台、办好一个展会。基地是指建好中国汽车零部件
（常州）产业基地，平台是指包括检测、研发、展示中心在内的
公共服务平台，展会指的是每年一届的常州孟河汽摩配交易会。

截至 2013 年底，孟河镇汽摩配产业已拥有产值达亿元的
企业 7 家，10 家企业被认定为省级高新技术企业，75 家企业
被认定为省、市民营科技企业；申请发明专利 50 件，签订产
学研合作协议 20 项。这种以创新推发展的思路，将会把孟河
的汽摩配产业引领至一个新的高度。

2013 年，孟河汽摩配产业的生产总值为 61.8 亿元，占当年
工业总产值（172.15 亿元）的 35.9%。

第三产业蓬勃发展

第三产业一直是孟河发展的瓶颈，这不仅是一个思想认识
问题，也是由客观环境所决定的。21 世纪初，在思想解放的
基础上，孟河人认识到了第三产业不仅是一座"绿色工厂"，
还是农村劳动力的就业出路，更是城镇化过程中的重要一环。
在认真的调查、研究后，孟河镇制订了第三产业发展规划，经

过几年的努力，第三产业在国民生产总值中所占的比例逐年提高，2013 年已从改革开放初期的 15% 提高到 36.6%，力争在 5 年内把第三产业的产值提高到总产值的一半。依托孟河作为中国历史文化名镇这个基础，利用自然山水资源发展旅游业，利用旅游业来带动全孟河镇各项服务业的发展。

此外，孟河镇还注重生产性服务业、商贸服务业、农村服务业、居民服务业、房地产业等几个方面的发展，从而从整体上提高第三产业在国民生产总值中所占的比例。

2 旅游业兴旺

孟河镇发展第三产业的规划中，明确指出要以发展旅游业带动第三产业全面发展。孟河的旅游业发展有两大依托，一是通过展示、利用孟河作为中国历史文化名镇的资源来吸引游客，二是利用孟河的历史文化，结合孟河的自然山水，创建小黄山休闲基地，吸引游客来旅游。

古镇历史文化旅游区

孟河在 2014 年 3 月申报中国历史文化名镇成功后，请东南大学规划设计院编制了《孟河镇历史街区保护与更新规划》，立足于 3 个历史街道保护区的特色及价值，制订了具体的保护与利用规划。

修复展示孟城北街 孟城北街是一条明清时期的典型商业街道，具有明显的运河古镇特色：街道狭窄、店铺林立、临近河道，体现了传统的格局，城与河一体，商与防一体，河、巷、街、行、院、宅、场连成一片。规划将它总体定位为体现古商埠和传统城镇风貌的复合型历史文化街区。其功能定位是：历史文化展示、传统特色商业、休闲度假旅游、传统民居；其文化定位是：民居文化、运河文化、商埠文化、江防文化。孟河将采取恢复人气、激发活力、动态保护、合理利用、提升环境、带动周边的模式来进行开发。

目前，这里的主体工程是修复文化保护单位、历史建筑，再现老街的特色，开启老孟河，建造运河博物馆、非遗博物馆、江防军事博物馆，充分展示商埠文化与军事文化、运河文化。对这些文化保护单位的修复正在有序地进行。

修复展示医派文化的孟城南街　孟河医派四大医家的祖居地都在孟河镇孟城地区的南街，该地段以医派名人故居建筑多为特征，反映了孟河医派文化的兴盛。该地段具有孟河地方特色的传统民居及院落也较多。

这个区域内文化保护单位的等级较高，而且孟河医派就诞生在这里，因此，要强调它的文化特色，反映出明清时代医药业的昌盛，并以此作为商业文化的潜在基因。基于这些因素，这个区域将依托医派文化打造养生休闲区。

这个区域将分为文化展示区、休闲娱乐区、商住混合区、商业区、辅助功能区，从而构成一个既独立又服务于全局的景区。重点工程为：马培之故居及地段、巢渭芳故居及地段，修建后的丁甘仁故居及地段、步行横街中心地段、南入口地段、"十"字街口商业地段。医家故居的修复工程现已启动。

修复齐梁故里　齐梁故里位于孟河镇万绥社区，在齐梁路东侧。该地段以东岳庙及东岳庙戏楼为代表，历史价值较高。因万绥老街起源较早，现还保存了一些明清时期的建筑。

这个区域的总体定位为集中体现齐梁文化、宗教文化的街区。其功能定位是：以东岳庙、萧氏大宗祠为核心，以文化展示、传统商业为主体；其文化定位是：齐梁文化、宗教文化、民居文化、运河文化。孟河将采取以庙为核心、拓展周边、融合空间、打造亮点的方法予以开发，以充分展示齐梁遗韵和宗教文化。

这个区域内的重要工程有：修复东岳庙与图公所，建造齐梁博物馆、萧氏大宗祠、庙前广场、皇家花园、入口广场，修复万绥老街区，等等。修复东岳庙的基础工程已开工。

创建小黄山旅游度假区

孟河镇依托小黄山天然的森林资源，精心制订小黄山旅游开发与保护方案，打出生态旅游牌，以生态旅游带动城镇化发展将是孟河镇"生态立镇"的必由之路。对小黄山的开发，镇政府将遵照"配合、控制、整治、推介"的方针具体展开。

按照"一次规划、分步实施"和"先易后难、以点带面"的原则，小黄山的旅游开发由龙控集团主导，孟河镇全力配合，积极吸引社会多元化投资，重点抓好小黄山旅游开发的招商引资工作，实行市场化运作。要注重挖掘历史文化资源、非物质文化遗产以及现代农业资源等，找准旅游开发与历史文化保护的结合点，增加小黄山旅游开发的"孟河"元素，加快形成小黄山旅游开发的规模和特色，吸引大批游客前来观光游玩，逐步形成风格独特、环境优美、生态和谐的"常州后花园""长三角旅游目的地"等特色旅游品牌。

小黄山旅游景区

3　文化繁荣

　　孟河的历史文化是非常深厚的，孟河的现代文化也是繁荣的，这体现在两个方面，一是大力弘扬历史文化，二是发展现代文化。

弘扬历史文化

文化是延续的，今天的文化繁荣必须要建立在历史文化的基础上，因而弘扬历史文化是繁荣现代文化的基础。孟河镇为弘扬历史文化做了大量工作：成立了孟河历史文化研究会，在系统研究的基础上编写、出版了一套《齐梁文丛》（三本），编印了《齐梁文化报》，还为中小学编写了校本教材《齐梁文化》《孟河医派》《猴灯》；加强了对历史文化的挖掘和研究，建立了文化遗产档案，制订了保护规划，使孟河的历史文化能得到较好的保护；现在正在编写一套《孟河历史文化丛书》，系统地介绍孟河的历史文化；组织人员编写《孟河镇志》。

发展现代文化

孟河镇在2004年被江苏省文化厅批准为"江苏省特色文化乡镇——书画雕刻之乡"，2011年又被国家文化部评为"中国民间文化艺术之乡"，这是孟河人在继承优良传统的基础上在新时代中创造的辉煌。

孟河镇近年来在文化建设上取得了很大的成就，现举几个突出的例子。

费福顺的书法作品近年来共获得国家级的各种奖励9次。

汤友常的铜刻、陶刻、玻刻等艺术作品共53次创世界基尼斯纪录。

魏达荣、魏玉宇、徐云峰的斧劈石造景作品被许多大型企业和旅游景点收藏、展示，曾多次参加全国性的盆景展览，并被作为礼品赠送国际友人。

郭重威近几年内出版了《道教文化丛谈》《古镇沧桑》

《潘家三姐妹》《齐梁文化与齐梁故里》《追梦记》《梁武帝萧衍》等各类书籍 10 余本，共 800 余万字，《古镇沧桑》等三部作品分别获常州市委和市政府的第四届、第五届、第六届精神文化"五个一"工程奖，有一部作品获常州市社科类作品二等奖。

程协润创作了《孟河医派文化》等三本专著。

周华创作了大型锡剧《三品御医》《双推磨后传》，还编写了许多供群众表演的节目。

孟河开始涉足影视作品的创作、拍摄。2009 年拍摄了《古镇医人》（4 集，由央视第 10 套节目播出），央视第 7 套《乡土》栏目来孟河镇拍摄了《宝地寻宝》，近期与常州亚细亚影视制作有限公司合作拍摄了系列人物传记片《孟河医派》，已于央视第 10 套《探索与发现》栏目播出，现又在筹拍电视连续剧《孟河医派》与《梁武帝萧衍》。

群众性文化艺术组织大量涌现，现全镇有各种文化组织 11 个，这些组织为民间文化艺术活动的开展提供了基础。

主要参考文献

《二十四史》

郭重威:《齐梁文化与齐梁故里》,黑龙江人民出版社,2008。

郭重威、孔新芳:《道教文化丛谈》,黑龙江人民出版社,2005。

杨明:《刘勰评传》,南京大学出版社,2001。

李夏亭主编《孟河医派三百年——孟河医派研究荟萃》,学苑出版社,2010。

戚良德:《〈文心雕龙〉校注通译》,上海古籍出版社,2008。

邵志强、张戬伟:《常州运河史话》,凤凰出版社,2013。

萧统编《昭明文选》,上海古籍出版社,2011。

徐陵编《玉台新咏》,上海古籍出版社,2013。

常州市齐梁文化课题组编《齐梁故里考证与齐梁文化新论》,南京大学出版社,2009。

袁行霈主编《中华文明史》第二卷,北京大学出版社,2006。

杨忠:《丁甘仁传》,上海中医药大学出版社,2008。

钟嵘:《诗品》,上海古籍出版社,2011。

钟国发：《陶弘景评传》，南京大学出版社，2011。

薛焕炳、张戬炜：《中吴舆地》，凤凰出版社，2013。

《孟城乡志》（《孟城乡志》编委会），1985。

《恽氏家乘》（《恽氏家乘》编委会），2008。

《万绥乡志》（《万绥乡志》编委会），1985。

《汤庄乡志》（《汤庄乡志》编委会），1985。

《武进县志》（《武进县志》编委会），1984。

《常州武进地区革命斗争史》，中共党史资料出版社，1990。

《江南九龙城规划》（AECOW）。

《常州市孟河镇历史街区保护与更新规划》（东南大学）。

《常州市孟河镇历史文化保护规划》（东南大学）。

《孟河镇·中国历史文化名镇申报材料》（孟河镇）。

《孟河镇·中国民间文化艺术之乡申报表》（孟河镇）。

《常州·黄山休闲旅游度假区概念性城市设计》（孟河镇）。

《江苏常州市孟河镇总体规划（2011—2030)》（孟河镇）。

后　记

经过 10 个月的埋头创作与修改，九易其稿，《孟河镇史话》终于完成了。这本书虽只写作了 10 个月，但却是热爱孟河历史文化的我半辈子收集资料、调查研究、和一批同人共同努力的结晶。因此，在这里，我首先要感谢在这十余年内指导孟河历史文化研究的各级领导和热心于研究的同人，他们的贡献是巨大的，没有他们的努力，是绝对不会有这本书的。在编写过程中我得到了孟河文体站的耿晓燕和郑达的许多帮助，我的许多作家朋友帮我出谋划策、修改文字、指出错误，贡献重大，在此，向他们表示真挚的感谢。社会科学文献出版社的领导和编辑对这本书的编写做出了许多贡献，他们曾五次对这本书的创作提出了积极的、建设性的意见，使这本书能更完美，在此对他们表示衷心的感谢。

正在孟河镇准备编写有关当地历史文化的丛书时，《中国史话》丛书编委会要求我们编写一本《孟河镇史话》，并将其列入"十二五"国家重点图书出版规划项目之中。这使我们感到非常兴奋，在这里要感谢《中国史话》丛书的编委们对孟河的关爱。《孟河镇史话》编委会成立后，把写作这本书的任务交给了我，我异常激动，并决心要在规定的时间内把这本书写好，经过刻苦写作，在友人的真诚支持下，现在总算把这一光荣任务完成了。

这是一本论述孟河镇的历史和文化的书，我们是本着"史""话"结合、以史为主的原则来写的，这样可使这本书的内容更丰富、更充实。

由于本人的写作能力和学识水平有限，对有些事的认识和理解不一定正确，对史料的掌握也不够全面，因而此书中一定会出现这样或那样的问题，请大家批评、指正。

郭重威

2015 年 10 月 30 日

史话编辑部

图书在版编目（CIP）数据

孟河镇史话／郭重威编著. －－北京：社会科学文
献出版社，2016.6
（中国史话）
ISBN 978 - 7 - 5097 - 8658 - 1

Ⅰ.①孟…　Ⅱ.①郭…　Ⅲ.①乡镇－地方史－常州市
Ⅳ.①K295.35

中国版本图书馆 CIP 数据核字（2016）第 007949 号

"十二五"国家重点图书出版规划项目

中国史话·社会系列

孟河镇史话

编　　著／郭重威

出　版　人／谢寿光

项目统筹／袁清湘　谢　安　　责任编辑／王　敏

出　　　版／社会科学文献出版社·史话编辑部（010）59367143
　　　　　　　地址：北京市北三环中路甲 29 号院华龙大厦　邮编：100029
　　　　　　　网址：www. ssap. com. cn

发　　　行／定制出版中心（010）59366509　59366498
　　　　　　　市场营销中心（010）59367081　59367018

印　　　装／三河市尚艺印装有限公司

规　　　格／开　本：889mm × 1194mm　1/32
　　　　　　　印　张：6.25　字　数：130 千字

版　　　次／2016 年 6 月第 1 版　2016 年 6 月第 1 次印刷

书　　　号／ISBN 978 - 7 - 5097 - 8658 - 1

定　　　价／25.00 元

本书如有印装质量问题，请与读者服务中心（010 - 59367028）联系